내가 바뀌면 세상이 바뀐다.

오늘,

단 한 사람이라도

그대로 인해 행복하였다면

그대의 하루는 헛되지 않다.

꽃은 누구에게 허락받고 피는 것이 아니다

70억 개의 지구

신상훈 지음

마인드북스

꽃은 누구에게
허락받고 피는 것이 아니다

70억 개의 지구

1판 1쇄 인쇄 2015년 12월 10일
1판 1쇄 발행 2015년 12월 17일

지은이 • 신상훈 | 펴낸이 • 정영석 | 펴낸곳 • **마인드북스**
주   소 • 서울시 중구 창경궁로 40-6 고려빌딩 302호
전   화 • 02-6414-5995   팩   스 • 02-6280-9390
출판등록 • 2009년 3월 5일 제2015-000032호
이메일 • mindbooks@nate.com
홈페이지 • http://www.mindbooks.co.kr

ⓒ 신상훈, 2015
* 저자와의 협약으로 인지는 생략합니다.

ISBN 978-89-97508-22-8 03190

이 도서의 국립중앙도서관 출판예정도서목록(CIP)은 서지정보유
통지원시스템 홈페이지(http://seoji.nl.go.kr)와 국가자료공동목록
시스템(http://www.nl.go.kr/kolisnet)에서 이용하실 수 있습니다.
(CIP제어번호 : CIP2015032415)

삶을 표현하는 어떤 글보다
삶을 표현하는 어떤 예술보다
삶은 더 드라마틱하다.
여기 70억 개의 삶이,
여기 70억 개의 지구가 있다.
저마다 사랑을 갈구하며
저마다 아름다운 꿈을 꾸며
연극을 펼친다.

이 책에 담겨 있는 수많은 글 중에서
단 한 줄이라도
잠자고 있는 당신의 생명을 깨울 수 있다면,
그리하여 두려움 너머에 있는 사랑을 보게 하며
삶이 당당한 선택이었음을 알게 한다면
70억 송이의 꽃이 바로 그 순간
활짝 피어나리라 믿습니다.

| 차 례 |

꽃은 피지 않을 때도 꽃이었다 · 329

꽃을 던지려는 자
먼저 꽃을 품어야 하고

언제나 눈을 감고 있는 것은

그리도 어리석은 나였더이다.

꽃을 던지려는 자

꽃을 던지려는 자
먼저 꽃을 품어야 하고
돌을 던지려는 자
먼저 돌을 품어야 하니…

영원한 시간 동안

그대는 영원한 시간 동안
지금 이 순간을 원했는지도 모른다.

인생의 비밀

지나고 보면 아름답다.
지금을 아름답게 생각할 수 있는 미래의 어느 때를
지금으로 당겨올 수만 있다면…

사랑은

사랑은 그 사람의 가장 아름다운 모습을 보려 하는 것이다.

그대 홀로 울고 있을 때

그대가 어두운 방 안에서 홀로 울고 있을 때
온 우주가 함께 울고 있다는 것을 아는가?
그대의 아픔은 그대의 아픔을
아무도 알 수 없다고 생각하는 데서 온다.
그것은 불가능한 일이다.
그대의 눈물, 그대의 미소, 그대의 손짓,
그 어느 하나도 우주는 흘려보내지 않는다.
언제나 함께하고 있다.
신은 언제나 그대를 통하여 울고 있으며
그대를 통하여 사랑하고 있으며
그대를 통하여 웃고 있으며
오로지 그대를 통하여 말하고 있다.
진실로 그대를 비워 내어라,
신이 그대를 통하여 생명과 사랑의 노래를 부를 수 있도록.

기억하라.
그대를 통하여 존재의 기쁨을 노래할 신은
바로 그대이다.

물고기는 물을 모른다

물고기는 물을 모른다.
물에서 태어나서 한 번도 물 밖으로 나와 보지 않은 물고기는
자신이 물 안에서 살아가고 있음을 모른다.

그대는 사랑을 모른다.
사랑 안에서 태어나서 한 번도 사랑 밖으로 나와 보지 않은 그대는
자신이 사랑 안에서 살아가고 있음을 모른다.

불가에서는 이것을 공(空)이라 하고
나는 이것을 사랑이라 한다.

텅 비어 있기에 가득 차 있는 것.
가득 차 있기에 알 수 없는 것.
너무나 크기에 볼 수 없는 것.

그대는 언제나 사랑 안에서 숨 쉬고
사랑 안에서 태어나며 사랑 안에서 기뻐한다.
또한 그 사랑 안에서는 태어남도 스러짐도 없으며
더러움도 깨끗함도 없다.
고집을 버리면
더는 그러한 분별은 사라지게 된다.

언제 태어난 적은 있고?

헤어지지 마라.
헤어지고 싶다는 생각이 사라질 때까지는
죽지 마라.
죽고 싶다는 생각이 사라질 때까지는
그대가 헤어지고 싶다고 생각한다면
그대는 아직 헤어질 자격이 없다.
그대가 죽고 싶다고 생각한다면
그대는 아직 죽을 자격이 없다.

그대가 무언가로부터 떠나려면
하나의 극단이 아닌 양극단을 모두 이해해야만 한다.

헤어지든 만나든
살든 죽든
주인이 되어 있지 않으면
아무것도 할 수 없는 것이다.

자유

자유(自由)는 스스로 까닭이 된다는 뜻이다.
자신이 아닌 다른 무엇이 이유가 되게 해서는 안 된다.
외골수가 되라는 게 아니라
기꺼이 행하라는 것이다.

의문

의문은 우주를 움직이는 한 가지 방식이다.
의문이 우주를 이끈다.
창조주의 의문은
"사랑은 무엇이냐?"였다.
그대의 의문은 무엇인가?

의문을 가져라.

우주는 가장 아름다운 방식으로 그대의 의문에 답한다.

때로는 그대 곁을 스치는 바람으로

때로는 그대 곁을 지나가는 낯선 사람의 눈빛으로

우연히 그대가 듣게 된 음악으로 답한다.

우주는 언제나 아름다운 방식으로 그대의 의문에 답해 왔다.

이제 답을 즐겨라.

상처

그대가 누군가에게 상처를 입었다면

그 사람 역시 그만큼의 상처를 입은 것이다.

그대가 누군가에게 상처를 입혔다면

그대 역시 그만큼의 상처를 입은 것이다.

어제까지는 전생

어제까지는 전생(前生)이다.

오늘 그대는 새로운 삶의 아침을 맞이했다.
과거는 잊어라.
그대는 잊지 못하면서
세상이 그대의 과거를 잊어주기를 바라지 마라.

미워할 수도 있다

미워할 수도 있다.
하지만 더 사랑하고 싶기 때문이다.

그대의 미움은 불가능한 것이다.
그대는 자신을 미움에 맡길 만큼 어리석지 않다.
그대가 진정 원하는 것은 사랑이다.
비록 그대 안의 여러 프리즘을 통과하느라
그대에게 낯설게 전달되었을지는 모르지만
이것만은 언제나 변함없는 진실이다.

그대는 사랑이다.

속을 수 없다

모르는 것에는 속을 수 없다.
언제나 아는 것에 속는다.

소유

사랑은 서로가 서로에게 소유될 수 있는 자유를 주는 것.

침묵

침묵(沈默)은 가장 아름다운 음악이다.
침묵은 가장 뛰어난 웅변이다.
침묵은 그대가 그대의 내면에 가장 가까이 머무는 순간이다.
침묵은 그대가 가장 정확히 우주를 표현하는 순간이다.

감정을 숨긴 채 침묵해선 안 된다.
가슴을 닫은 채 침묵해서도 안 된다.
그것은 올바른 침묵이 아니다.

그것은 단지 도피에 불과한 것이다.
진정한 침묵은 그런 것이 아니다.

생명을 담고 침묵하라.
사랑이 되어 침묵하라.

그대의 침묵은 더 이상 무지가 아니다.
그대의 침묵은 더 이상 방어가 아니다.
이제 그대의 침묵은 향기를 가진다.
사랑이 되어 침묵하는 그대여…
참으로 아름답다.

만물의 영장

창조주는 그대를 통하여 사랑을 표현하고 싶어 한다.
최고의 가치인 사랑을 어떤 존재보다 더 잘 표현하리라는 믿음이
창조주가 그대를 바라보는 방식이다.
그대는 그 믿음에 어떻게 보답할 것인가?

어떤 존재보다 그대가 더 뛰어나지는 않다.
'만물의 영장'은 비교의 율법이 아니다.

단지 그대가 더 잘 표현하리라는 믿음이라는 것을
그대가 깨닫는 것이
'만물의 영장'으로서의 첫걸음이다.

계절이 지나간다

하루의 날씨를 정확하게 예측하기란 무척 어려운 일이다.
무질서하기 짝이 없다.
슈퍼컴퓨터로도 부족하다.
하지만 계절은 삼척동자라도 예측할 수 있다.
봄, 여름, 가을, 겨울
누군가가 질서를 세우지 않아도
자연의 질서는 스스로 당연하다.
누군가를 단죄하기 위한 질서가 아니다.
뿌린 대로 거둔다.

탈무드의 지혜

"넌 안 빌려줬지? 그래서 나도 빌려줄 수 없어."

이건 복수다.

"넌 안 빌려줬지? 그렇지만 난 빌려줄게."

이건 증오다.

이렇게 탈무드는 말한다.

하지만 탈무드는 그대가 어떻게 해야 하는지 말해주지는 않는다.

어떻게 해야 하는가?

네모난 컵에 든 물은 네모로 보인다.

그 물을 얼리든 녹이든 데우든

네모난 컵에 든 물은 네모날 수밖에 없다.

그대는 먼저 컵의 모양을 바꾸어야 한다.

사랑으로 컵을 만들어라.

그러면 그대의 대응방식과 상관없이

그대의 컵에 담긴 물은 사랑이 될 것이다.

진실과 거짓

진실 안에 거짓이 있다.

거짓 안에 진실이 있다.

그 진실 안에 다시 거짓이 있다.

그 거짓 안에 다시 진실이 있다.

그대의 진실은 진실이 아니며
그대의 거짓은 거짓이 아니다.

가지고 싶은 것과 가지고 싶다고 믿는 것

가지고 싶은 것과
가지고 싶다고 믿는 것은 다르다.

사랑하는 것과
사랑하고 싶다고 믿는 것은 다르다.

하고 싶은 것과
하고 싶다고 믿는 것은 다르다.

하고 싶다고 믿는 것은 학습에서 온다.
학습될 수 없는 것이 진짜 바람이다.

다르지 않아

다르지 않다는 것에서 분별이 사라지고 사랑이 된다.
다른 것은 표현방식이나 허울일 뿐이다.
그 뿌리가 같음을 알면 다름을 즐길 수 있다.
하지만 다름만을 보고 있다면 다름도 같음도 즐길 수 없다.

그대가 아니라면

공기가 그대가 아니라면
그대는 공기를 마시고 살 수 없다.
한 잔의 물도 한 그릇의 밥도 그대가 아니라면
그대는 그것을 먹고 살 수 없다.

그대가 듣는 것
그대가 말하는 것
오직 그대일 뿐이다.

그리하여 그대는 우주에 홀로 존재하는 것이다.
오직 홀로 존재하기에 그대는 존귀하다.
그대가 없으면 우주도 없다.

그대는 모든 것이기 때문이다.

그대가 느끼는 모든 것이 그대인데
그대 없이 어떻게 우주가 존재하겠는가?

그대는 어떤 사람인가?

그대는 깨끗한가?

추악한가?

비굴한가?

용감한가?

소심한가?

대범한가?

현명한가?

어리석은가?

사교적인가?

외톨이인가?

따뜻한가?

매몰찬가?

먼저 이끄는가?

언제나 따라다니는가?

그대는
지금 그대의 모습이 좋은가?
지금 그대의 모습이 싫은가?

그대는 그대가 뭐라고 생각하는가?

바라보라, 웃음이 나올 때까지

슬프다.
화가 난다.
힘들다.
견딜 수 없이 가슴이 아프다.
모든 것이 허망하기만 하다.

그저 바라보아라.
웃음이 나올 때까지

애써 가라앉히려 하지 말고
외면하지도 말고
그저 바라보아라.
그대의 영혼이 미소로 그대의 가슴을 치유할 때까지.

언제 태어난 적은 있고 2

그대가 와서 물었다.

삶이 왜 이렇게 고달프냐고
삶이 왜 이렇게 슬픈 거냐고
삶이 왜 이렇게 치졸한 거냐고
삶이 왜 이렇게 얄팍하냐고

나는 이렇게 대답했다.
"언제 태어난 적은 있고?"

그대가 와서 말했다.

사람이 싫다고
어떻게 이럴 수가 있냐고
이건 아니라고
두 번 다시 보기도 싫다고
이젠 정말 헤어지고 싶다고
그 사람에게도 성찰할 기회를 줘야겠다고
이런 인생 지긋지긋하다고

나는 이렇게 대답한다.

"언제 만난 적은 있고?"

아직도 태어났다고 생각하는가?
아직도 만났다고 생각하는가?

그대가, 그대가 아닐 때에만 태어날 수 있다.
그대가, 그대가 아닐 때에만 만날 수 있다.

그대를 어떻게 보고 있는가

그대는
여태 남이 그대를 어떻게 보는가를 마음 써왔다.
이제 바꾸어야 한다.
그대는 그대 자신을 어떻게 보고 있는가?

사랑으로 보고 있는가?
기쁨으로 보고 있는가?
최상의 가치로 보고 있는가?

그대가 자신을 바라보는 방식은
곧 그대가 남을 바라보는 방식이며

곧 그대가 우주를 바라보는 방식이다.

남의 시선을 의식하지 말고
자신의 시선을 의식하라.
스스로를 어떻게 바라보고 있는지 늘 의식하라.

손바닥으로 하늘 가리기

손바닥 하나로도 얼마든지 하늘을 가릴 수 있다.
아주 조그만 것으로도 눈만 가릴 수 있다면
진실을 왜곡하기란 그리 어려운 일이 아니다.

지금 그대의 눈을 가리고 있는 것은 무엇인가?
아주 조그만 것일 수도 있다.
하지만 그 조그만 것이
그대가 보아야 할 사랑과 기쁨을 온통 가리고 있을 수도 있다.

두 가지 걱정

그대는 두 가지 걱정을 가지고 있다.
누군가 그대의 마음을 알까 봐 걱정
누군가 그대의 마음을 모를까 봐 걱정

이처럼 그대의 걱정은 모순을 가지고 있다.
그대가 그대답지 못할 때
걱정은 두 가지 얼굴로 그대에게 다가온다.
걱정은 그대를 불안하게 만들고
불안은 그대의 공격성을 유발한다.
그리하여 그대와 그대를 둘러싼 것을 모두 태워버리게 되는 것이다.

그대가 그대의 에고(ego)를 고집할 때
두 가지 걱정은 밤과 낮처럼 모습을 바꾸어가며
그대를 방문한다.

그러나 그대여…
이 걱정으로 인해 그대가 그대 안의 사랑을 볼 수만 있다면
그대는 오히려 고마워해야 하리.

결혼과 사랑의 차이

결혼은 약속이지만 사랑은 약속이 아니다.
사랑은 약속에 담길 만큼 작지 않다.

해운대 바닷가에서

지나다니는 사람들을 바라보며 울었다.
이렇게 많은 내가 있다니…

독재자는 혼자가 아니다

독재자는 홀로 존재할 수 없다.
독재자는 수많은 지배당하고자 하는 사람들에 의해 생겨난다.

그대 안에서 무언가 일어날 때
어딘가에서 그것과 상응하는 것이 생겨난다.
그대가 창조력을 가진 위대한 존재이기 때문이다.
그대가 창조력을 가지지 못한 하찮은 존재라면

이런 일은 일어나지 않는다.

그대의 창조력을 어떻게 쓰고 싶은가?

당연한 것

지금의 그대에게는 너무나 당연한 일이
옛날에는 너무나 어려운 일이었을지도 모른다.

지금 그대에게 너무나 어려운 일이
나중에는 당연한 일이 될지도 모른다.

소유욕을 가져야만 살아갈 수 있는 시대를
미래의 사람들은 이해하지 못할지도 모른다.

지금 그대가 가진 대부분의 욕구가
나중에는 정말 부질없는 것으로 치부될지도 모른다.

떠남

모든 것에서부터 떠나고 싶을 때가 있다.
그대는 과거에도 그렇게 생각했던 적이 있다.
그리하여 펼쳐져 있는 것이 지금 그대의 삶이다.

영혼은 한 번씩 망각을 경험하고 싶어 한다.
그리하여 지난 생애의 모든 기억을 닫아둔 채로
새로운 환경을 선택하여 태어나는 것이다.

최고의 사랑

단지 주인이 되어 존재하라.
그대가 표현할 수 있는 최고의 사랑이다.

넘어지는 것

넘어지는 것이 두려워 걷지 않는다면
목적지에 갈 수 없다.

인내

참을 수 없는 것을 참는 것을 '인내'라고 한다.

그대가 정말 참을 수 없는 상황에 빠졌을 때 이 말을 떠올려라.
모든 것을 냉정히 바라보고 있는 자신을 만나게 될 것이다.

비난

누군가를 비난하고 싶은가?
그렇다면 먼저 비난하고 싶은 대상과 눈높이를 맞추어라.
비난은 같은 수준에서만 이루어진다.
그대와 눈높이가 다른 것을 비난하기란 불가능하다.

농부와 어부

농부(農夫)는 농사를 짓고 어부(漁夫)는 물고기를 잡는다.

성공과 실패

삶은, 성공 또는 실패를 선택해야 하는 것이 아니다.

몽중지몽(夢中之夢)

우주는 창조주가 꾸는 꿈이다.
삶은 그대의 영혼이 꾸는 꿈이다.
그리고 그대는 그 삶 속에서 또 꿈을 꾼다.

물은 먼저 가기를 다투지 않는다

물은 끊임없이 흐르지만
먼저 가기를 다투지 않는다.

물은 언제나 낮은 데로 흘러 그 겸손을 나타낸다.
하지만 물의 겸손은 스스로의 가치를 낮추는 것이 아니라
아래로 흘러 전진하기 위함이다.

물은 지극한 믿음을 지니고 있다.
한 방울의 빗물도 언젠가 바다로 이어진다는 것을 잘 알고 있다.

물은 시비가 없다.
더러운 곳이든 험한 곳이든 가리지 않고 흐른다.

물은 수용의 덕을 지녔다.
물은 모든 것을 받아들이고도 넉넉하다.
또한 물은 기꺼이 담긴다.
둥근 그릇에 안겨 둥글게 되며
모난 그릇에 안겨 모나게 된다.
한 치 빈틈없이 그 그릇을 본뜨지만
그 순간에도 자신의 참 모습을 잊지 않는다.

물!
위대하다.

나는 나다

'나'는 '나'다.
그대가 이것을 눈치챌 수만 있다면

그대의 아름다움이 우주를 울릴 날도 머지않았다.

그대가 아름다워지면

그대가 아름다워지면 세상이 아름다워진다.
세상이 아름다워서 그대가 아름다워지는 것이 아니다.
그대가 아름답게 보기에
세상은 그렇게 아름다운 것이다.

장점과 단점

그대의 첫 번째 장점은
그대가 그대의 단점을 잘 알고 있다는 것이다.

그대의 첫 번째 단점은
그대가 그대의 장점을 잘 모르고 있다는 것이다.

치유

아픔을 치유하는 가장 탁월한 방법은
아픔이 아니라 완전함을 바라보는 것이다.

삶의 목적

멋지게 정리 정돈하는 것을 삶의 목적으로 가지고 있지는 않은가?
깔끔한 정리를 비난하는 것은 아니다.
하지만 그것이 목적이 될 수는 없다.

삶의 목적은 다양한 환경에서 얻어지는 경험과
그 경험을 통해서 알게 되는 사랑의 위대함이 되어야 한다.

잘나고 못나고

스스로 잘났다고 생각한다면
그것을 지키기 위한 노력으로 인생을 허비해야 할 것이다.
스스로 못났다고 생각한다면

그것을 감추고 바꾸는 노력으로 인생을 허비해야 할 것이다.

떠나라.

잘났다는 생각은 오만이며

못났다는 생각은 오산이다.

집중력의 법칙

전부 다 얻고자 한다면

하나도 얻지 못한다.

하나를 얻으면 모두를 얻을 수 있다.

한 방울의 물을 알 수 있다면

바다도 알 수 있는 것이다.

안경

그대는 어떤 안경을 끼고 있는가?

그대가 가진 안경이 두려움이라면

모든 것은 두려움으로 다가올 것이다.

그대가 가진 안경이 사랑이라면

모든 것은 사랑으로 다가올 것이다.

어떤 안경을 가지고 싶은가?

세상의 끝에서

세상의 끝에서 죽고 싶었다.
하지만 세상은 언제나 시작이었다.

에피소드

끝이라고 생각할 때 길이 열리지
더는 싫다고 느낄 때 사랑이 보이지
그리 잔혹한 삶의 비밀

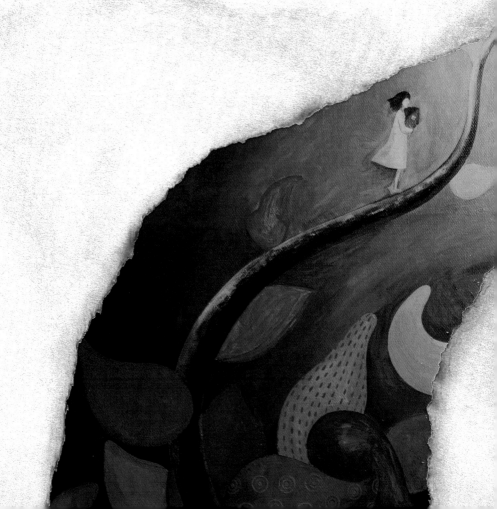

My way(어른들을 위한 동화)

전기가 길을 간다.
전구가 한 푼 달라고 구걸을 한다.
선풍기가 넓적한 얼굴을 들이대고 삥을 뜯는다.
이른바 통행세라는 것이다.
어차피 지나가야 하는 길이니 한 푼 내놓지 않을 수가 없다.

전기가 생각한다.
'왜 나를 나눠줘야 하지?'
다음 날부터 전구 거지도 선풍기 깡패도 없는 길로 다녔다.
아무도 전기의 앞을 가로막지 않는다.
그와 더불어 전기는 차츰 기억이 흐려져 간다.
자신이 왜 살아가는지를 잊어 가고 있다.
'난 왜 사는 거지?'

한 가닥 기억을 더듬어 다시 예전의 길로 돌아가 보았다.
골목 어귀에선 변함없이 전구가 불을 밝힐 힘을 달라고 한다.
으슥한 곳에선 선풍기가 더위를 날려 버릴 힘을 내놓으라고 으른다.
이젠 군입들이 더 늘었다.
전자레인지는 '간편한 식문화 모임'에 기부하라고 통을 내민다.
게임기는, 아이들에게 위협당하고 있으니 살려 달라고 떼를 쓴다.

지친다.

하지만 흐려졌던 기억이 되살아난다.

'그래, 난 원래 이렇게 하기로 하고 태어났던 거였어.'

전기는 스스로의 힘이 위대하다고 느낀다.

'난 너희들과 만나야만 가치가 있는 것이야.

물론 너희들도 나를 만나서 보람을 가지게 되는 거지.

이게 아름다움인 거야.'

전기가 골목을 지나며 콧노래를 부른다.

이제 친구가 되어 버린 골목의 군입들이

한 푼씩 모아 사준 MP3에서

오늘도 'My way'가 울린다.

세상의 마지막

세상의 마지막이 가까웠다.

아무도 막을 수 없다.

분명히 세상은 한 달 후에 종말을 맞이한다.

지구와 인류의 물질적 형태가 한날한시에 끝나는 것이다.

짧은 시간에 모든 것이 종료될 것이므로

죽음을 인지할 시간조차 주어지지 않는다.

그대는 무엇을 하고 싶은가?

가장 사랑하는 사람과 보내고 싶은가?

그렇다면 그대가 가장 사랑하는 사람은 누구인가?

하루 이틀, 시간이 지나면서 그대의 기준이 바뀔 수도 있다.

그대가 가장 즐거워하는 일을 할 수도 있다.

물론 그대가 즐거워하는 일을 하기 위해 제공되어야 할 많은 것들이

불가능해질 수도 있다.

많은 사람들이 더는 돈을 벌기 위해서

그대에게 편의를 제공하지는 않을 것이다.

봉사가 즐거운 사람들이 그대에게 필요한 것을 줄 수도 있겠지만

어쩌면 먹고 마시는 기본적인 것부터 힘들어질 수도 있다.

예의와 염치가 얼마나 힘을 발휘할지는 미지수다.

사람마다 다르다.

예의와 염치를 최상의 가치로 여길 사람도 분명 있다.

하지만 그대는 어떻게 하고 싶은가?

숨겨두었던 그대의 진심이 드러난다.

눈치만 보고 있던 사람들이 그대의 진심에 용기를 얻어

그대의 아름다운 일탈(?)에 동참하게 될 것이다.

혹은 다른 사람이 먼저일 수도 있다.

사람들이 점점 대담해진다.

일상에서는 엄두를 내지 못하던 일을 행동에 옮긴다.

종교에 매달리는 사람도 생긴다.
구세주든 절대자든 울부짖으며 불러 보는 것이다.
더 빨리 그분(?)을 만나기 위하여 스스로 목숨을 끊는 일도 생긴다.
한 달밖에 없기에 하찮은 것인가?
아니면 그러하기에 소중한 것인가?

혼란 속에서도 조용히 일상을 보내는 사람들도 있다.
체념하고 받아들이는 사람과
이미 삶의 비밀을 알아버린 사람들이다.

자, 다시 한 번 묻는다.
그대는 무엇을 하고 싶은가?
누구와 무엇을 어떻게 하고 싶은가?

§

이제 비밀을 말해야겠다.
앞으로 한 달 후에도 지구가 이대로 존재할 수 있다는 걸
증명해낼 수 있는 사람은 아무도 없다.
심지어 내일이 존재할 것이라는 사실도 증명된 바 없다.
후회하지 않을 오늘을 살아라.

한 달까지 가지 않을 수도 있다.

오늘이 마지막이다.

카프카의 '변신'에 대한 오마주

어느 날 눈을 떠보니 그대가 하나의 무생물로 변해 있다.

하나의 의자가 되어 있다.

하나의 스탠드가 되어 있다.

좀 하향성의 시각을 즐긴다면 형광등이 되어 있을 수도 있다.

아 참! 방에 집착할 필요는 없다.

거실로 나가자.

소파도 있고 TV도 있다.

속눈썹을 한껏 치켜올린 못난이 인형일 수도 있고

천진난만한 얼굴로 번뇌를 가장한 곰 인형일 수도 있다.

하여간 그대는 변했다.

그대의 의지는 무참히 짓밟히고…

아니, 그대의 의지는 짓밟힐 시간조차 없었다.

그냥 세상에는 불가항력이란 게 있다.

이런 상황에서 좀 뻔뻔스럽게 들릴지는 모르겠지만

어쩌겠는가!… 즐겨라.

시각이 바뀐다는 건 대단히 새로운 경험이다.

아무도 그대의 존재를 감지하지 못한다.

곰 인형을 애지중지 침대 안에까지 끌어들이는

마음씨 좋은 소녀도 있지만

그리 오래 가지는 않는다.

하지만 얼마 가지 않아서 그대의 소중한(?) 변신은

빛을 발하게 될 것이다.

그야말로 객관적으로 모든 것을 지켜보는 것이다.

몸뿐이 아니다.

인형이면 인형의 관점으로 바뀐다.

외형만 바뀌고서 의식은 인간의 것을 그대로

가지고 있을 거라고 생각하면 오산이다.

도대체 곰 인형 따위가 의식이 있다는 게 말이 돼?

이렇게 말하고 싶겠지만 어쩌겠는가.

그대는 지금 곰 인형이 되어 있다.

무엇이든 좋다.

고양이라면 조금은 위안이 되는가?

적나라하게 고양이의 시선을 느껴 볼 기회다.

지금쯤 그대의 상처받은 마음을 어루만져 주어야겠다.

그대의 놀라운 변신은 정확히 일주일 후 원래 상태로 돌아온다.

그러니 제발(왜 내가 애원해야 하는지는 알 수 없으나) 즐겨라.
자주 오는 기회가 아니다.
많은 것을 깨달을 수 있는 기회다.
어쩌면 그대는 그대가 여태껏 살아오면서 느꼈던 어떤 것보다
더 적나라한 진실을 알게 될지도 모른다.

단 한 번이라도 좋다.
다른 무엇이 되어 보라.
상상하라.
머리는 장식품이 아니다.

전혀 색다른 진실을 알게 될 것이다.
어떤 것이라도 좋다.
곰 인형이나 의자, 고양이 따위가 너무나 끔찍하다면… 좋다.
그냥 누군가 다른 사람이 되어 보라.
아내, 남편, 딸, 아들, 어머니, 아버지, 연인, 선생님 등.

그대의 진실과 같은가?
그것은 다른 우주다.
그대와 같은 시간과 공간을 공유한다고 해서 같은 우주일 수는 없다.
시선, 바라봄… 우주를 달리할 수 있는 중요한 변수다.
이것은 또 다른 우주여행이다.
그대의 우주 안에서 중력권을 좀 벗어나는 여행과

전혀 다른 우주를 경험해 보는 것.
어느 것이 더 적나라한 것일까?

충격을 받을 수도 있다.
끝없이 눈물을 쏟을 수도 있다.
물론 이것은 그대가 감정을 표현할 수 있는 무엇으로
변신되었을 때만 가능한 일이다.
하지만 이제 다른 두 우주가 만난다.
그것은 오직 사랑이라는 이름으로만 가능한 일이다.
그리고 확인한다.

§

느끼는 방식을 달리하지만
그대와 나는 하나입니다.
나는 그대의 경험을 원했고
그대는 나의 경험을 원했습니다.
본질적으로 나는 그대를 이미 경험하고 있으며
그대는 나를 이미 경험하고 있습니다.
다른 우주는 결국
한 우주의 다른 울림이었을 뿐입니다.
어떻게 그대를 사랑하지 않을 수 있겠습니까?
그대는 나인 것을요…

속인 사람은 있지만 속은 사람은 없다

톰은 오늘도 숙모에게 꾸지람을 듣는다.

내용은 별반 다른 게 없다.

다만 매번 다른 벌을 받을 뿐이다.

"오늘은 벌로 울타리에 페인트칠을 하렴."

달가울 리 없는 톰이 페인트 통을 을러메고 울타리에 가서 섰지만

도무지 의욕이 없다.

놀아야 할 시간에 주어지는 노동은 잔인한 것이다.

친구들이 다가온다.

톰의 머릿속에서 전구가 켜졌다.

"어이, 톰! 오늘도 벌 받는 거니?"

"무슨 소리, 이게 얼마나 신나는 건데…"

"별로 신나 보이지 않는데?"

"너희들이 어떻게 보든 상관없어. 난 지금 바쁘니까 그냥 가 줄래?"

톰의 붓질이 현란해진다.

붓으로 마음껏 낙서를 하고는 다시 말끔하게 지워 버린다.

톰이 하는 양을 보고 있자니 여간 재미있어 보이는 게 아니다.

"나도 좀 해보면 안 돼?"

"이렇게 재미있는 걸 왜 네게 넘겨줘야 하지?"

"야, 빡빡하게 굴지 말고, 생쥐 말린 거 줄 테니

조금만 하게 해주라."

"좋아, 그럼 10분만 해."
톰은 10분이 유희와 노동의 경계임을 잘 알고 있다.
줄줄이 톰의 친구들이 울타리를 칠하는 동안
톰의 재산은 자꾸 늘어난다.

§

속인 사람은 있지만 속은 사람은 없다.

무엇을 하든 즐겁게 행하라.
이것을 보고 '주인 됨'이라고 하는 것이다.

아버지, 잊음에 대해 말하다

아버지는 아들 넷을 앞세웠다.
아버지에게 물었다.
"어떻게 견디셨어요?"
"잊어야 할 것은 빨리 잊었다."
"너무 매정하신 것 아닙니까?"
"그러지 않았다면 가슴이 찢어졌을 것이다."
아무 말도 할 수가 없었다.

어느 날 또 물었다.

"아버지, 최고로 좋은 약이 뭔가요?"

(아버지는 평생을 한의사로 살았다.)

"허허, 그건 잊을 망(忘)자니라."

더 이상 물어볼 수가 없었다.

잊음의 미학을 전해 주고 떠나신 아버지를 정작 못 잊고 있음은

아버지의 말씀을 거역하고 있는 것일까?

§

지금, 그대가 잊어야 할 것은 무엇인가?

기억상실증에 걸린 남자

사랑하던 두 남녀가 있었다.

사랑은 뜨겁게 불타올랐지만 또한 그만큼의 힘으로 냉각되었다.

관심은 밀착된 관계를 만들었고

밀착된 관계는 지나친 간섭과 의혹을 낳았다.

의무는 아름다움에서 압박으로 이름을 바꾸었다.

남자는 필요 이상의 것을 여자에게 요구했고
여자는 자신이 받아들일 수 있는 한계를 넘어 버린 남자를
이해할 수가 없었다.
급기야 두 사람은 잦은 다툼을 할 수밖에 없었고
서로에 대한 사랑은 더는 두 사람을
묶어 둘 수 없는 지경이 되었다.
드디어 여자는 남자에게 헤어질 것을 요구하기로 했다.
기대할 것도 기대하고 싶은 것도 사라진 여자는
절망과 아픔과 미움 속에서 슬픈 결말을 꿈꾸고 있었다.

사건은 언제나 절묘한 타이밍에 다가오는 법이다.
헤어지자고 말하려 결심한 바로 그날
남자는 갑작스러운 사고로 기억을 잃어버리게 된다.
모든 기억을 잃어버린 것이 아니라
여자와의 기억만을 모두 잃어버린 것이다.
삶의 다른 기억들은 고스란히 간직한 채
여자와의 사이에서 있었던 모든 일들,
만남과 열정과 다툼과 아픔을… 모두 잊어버린 것이다.
언제나 그렇듯이 의사는
기억이 다시 돌아올 가능성은 있지만
그것이 언제가 될지
어쩌면 생의 남은 부분 동안 돌아오지 않을지도 모른다고 하였다.

§

자, 흔하디흔한 영화의 한 대목은 여기서 끝이다.
이제 여자는 어떻게 반응할 것인가?
여자는 기억을 잃어버린 남자를 바라보며
차츰 자신의 원망이 갈 곳이 없어졌음을 깨닫게 되었다.

그대라면 어떻게 할 것인가?
혹, 그대의 원망은 기억을 향한 것 아닐까?
상대는 이미 두 사람만의 기억을 송두리째 잃었다.
과거가 사라져 버린 것이다.

어쩌면 과거는 두 사람이 모두 기억하고 있을 때만
가능한 것인지도 모른다.
과거의 기억은 절대로 사라지지 않을 것 같은
견고함을 갖추고 있지만
어느 한 쪽의 힘이 기약 없이 무너져 버린 바로 그때,
나머지의 과거도 한 쪽 날개를 잃은 천사처럼
그대의 생각 속을 더는 날지 못하는 것이다.
아픔은 사라져 버린 채
그대가 사랑할 만한 사람이 그대의 눈앞에 앉아 있다.
그대는 사랑하지 않을 이유를 그다지 찾을 수가 없다.

혹시 되풀이되는 것은 아닐까?

상대는 아무런 성찰 없이 과거를 뛰어넘어 버렸다.

그렇다면 그 상대의 심성은 고스란히 과거를 재생할 우려가 있다.

하지만 그대의 시선은 다르다.

대상을 바라보는 눈이 달라지면

그 대상의 가치 역시 달라질 수밖에 없는 것이다.

그대 역시 때로 기억상실증에 걸리고 싶다고

생각해 본 적이 있을 것이다.

힘들이지 않고 그대의 과거를 지워 버리는 방법이기 때문이다.

하지만 그대가 과거의 기억을 잊었든 그렇지 않든

그것은 중요하지 않다.

그대의 사랑이 아름다운 현재를 바라볼 수만 있다면

그대는 언제라도 아름다운 '기억상실증'을 맞이할 수 있는 것이다.

거울이 사람 잡네

아버지와 매우 닮은 효자가 있었다.

아버지를 여읜 지 몇 달이 지난 어느 날

길을 가던 아들이 방물장수가 파는 거울을 보았다.

거울 속에 아버지가 있었다.

매일 그리움에 사무치던 아들이

길에 엎드려 눈물을 흘리며 반가워했다.

너무나 신기한 보물을 발견한 아들이

그날 바가지를 톡톡히 썼음은 물론이다.

집에 돌아온 아들은 거울을 벽장에 모셔놓고

아침저녁으로 문안 인사는 물론

낮에도 짬만 나면 벽장에 올라가 두런두런 이야기를 나누었다.

신기한 물건 속의 아버지는 뭔가 말을 하는 듯했지만

알아들을 수는 없었다.

자기보다 벽장 속의 물건을 더 애지중지하는

남편의 행동이 못마땅했던 아내가

어느 날 남편이 없는 틈을 타 벽장에 올라가 보았다.

남편이 벽장 속을 그토록 자주 드나들던 이유를 알게 된 아내가

시어머니에게 일러바쳤다.

"어머님, 글쎄 이럴 수가 있을까요? 벽장에 웬 젊은 여자가 있어요."

"그럴 리가 없어. 아들은 내가 잘 알아. 그럴 위인이 못 돼."

"직접 올라가 보셔요."

"오냐, 그렇잖아도 내 그럴 참이었다."

벽장 속에 올라갔다 한참 만에 내려온 시어머니의 말이

점입가경(漸入佳境)이다.

"살다 살다 저런 뻔뻔스러운 할망구는 첨일세.

인상도 고약한 것이 아무리 꾸짖어도 대꾸도 없고
입만 뻥긋뻥긋하네. 아무래도 큰일이야."
"할망구가 아니라 젊은 여자라니까요?"
"이런 경을 칠 놈이 젊은 년 들이다 못해
그년 어미까지 들여 논 게지."

§

문제는 심각하다.
어디서부터 오해를 풀어야 할까?
거울에 비치는 것을 실상으로 인식하는 한 평화는 없다.

거울은 그대의 진짜 마음이며
그대가 마음이라고 생각하는 것은
단지 거울에 비친 형상일 뿐이다.
그대는 단 한 번도 거울을 본 적이 없는 것이다.
거울의 뒷면이나 거울의 틀을 보고서 거울이라고 우길 수는 없다.
그대가 본 것은 언제나 거울에 비친 형상이었다.
거울의 실체를 본 적이 없다고 해서 거울이 없는 것은 아니다.
그대의 오감에 파악되지 않는다고 해서
그대의 마음이 없는 것은 아니다.

하지만 명심해야 할 것이 있다.

거울에 비친 형상이 없으면 거울이 있다는 것을 알기도 어렵다.
거울에 비친 형상을 확인함으로써
거울의 존재를 인정할 수 있는 것이다.

그대의 영혼이 스스로의 사랑을 확인하고 싶을 때
생명의 기쁨과 자유의 즐거움을 확인하고 싶을 때
거울에 비친 세상을 필요로 한다.
그것이 그대가 선택한 삶이다.
삶에 속지 마라. 하지만 삶을 부정하지도 마라.
삶은 오로지 그대의 사랑을 사랑답게 하기 위한 그대의 선택이다.

그렇고 그런 이야기

힘겹게 공부하던 남자를 물심양면으로 뒷바라지한 여자가 있었다.
드디어 남자는 목적을 이루었고
여자는 자신의 일처럼 기뻐했다.
그런데 어찌된 일인지
그때부터 남자는 여자를 슬슬 피하기 시작했다.
급기야 둘은 헤어지게 되었고
남자는 그렇고 그런 괜찮은 집안의 여자와 결혼했다.
두 사람 사이의 일을 아는 모든 사람들이 함께 분개했다.

있어서도 안 되고 있을 수도 없는 일이라고 말했다.
모두들 남자에게 침이라도 뱉고 싶다고 말했다.
하지만 그뿐이었다.
어느 누구의 말도 여자에게는 위안이 되지 못했다.
"왜 이렇게 된 거지?"
"내가 뭘 잘못한 거지?"
"합격하고 나서 어떻게 하자는 말조차 하지 않았는데…
어떻게 이럴 수가…"
수많은 독백에도 여자의 아픔은 진정되지 않았다.
도무지 이해할 수 없는 일이었다.

§

이런 일은 실제로 많이 일어난다.
비단 남자와 여자 사이의 일만은 아니다.
기껏 은혜를 베풀어주고 나서
오히려 외면당하는 일은 자주 일어난다.
왜 이런 일이 일어나는 것일까?

"안 갚아도 되네. 자네가 성공하면 그걸로 난 만족일세."
"아무것도 필요 없어. 그냥 성공하기만 하면 돼."
어쩌면 이토록 아름다운 말들이 있단 말인가!
아무것도 바라지 않는다. 오로지 그들이 성공하기만을 바란다.

그런데도 성공을 이루고 난 후 그들의 태도는 달라져 버린다.

사람들은 받는 것에 익숙하지 못하다.
주는 것에 익숙하지 못한 만큼 받는 것에도 익숙하지 못한 것이다.

그대의 사랑이 주는 것에 머물러 버린 까닭이다.
사랑은 여기 있고 저기 없는 것이 아니다.
그러므로 주고받는다는 것은 불가능하다.
하지만 그대는 자선을 베풀었고 사랑을 베풀었고
뭐든지 아낌없이 주었다.
아름다운 일이다.
하지만 주고받음의 가치는 3차원을 넘지 못한다.
주고받음의 가치는 소유의 차원이다.
비록 그것이 아무리 아름다운 방식이라 할지라도
소유의 사슬을 끊어 버리지는 못한다.

사랑은 소유가 아니라 자유다.
아름다운 소유보다 투박한 자유를 선택하는 것이 사랑이다.
물론 그렇고 그런 이야기에서
이미 분노해 버린 그대를 달래기에는 턱없이 부족하다.
그대의 볼멘소리가 들린다.
"더 화려한 소유를 찾아갔구먼 뭐."
하지만 그대여…

겉으로 화려하다고 해서 그 속까지 화려한 것은 아니다.
단지 주고받음의 가치를 감당할 수 없었던 것일 뿐이다.
기다리며 함께 인고의 시간을 가졌던 여자가
아름다운 소유가 아니라 아름다운 사랑을 했더라면 좋았을 것을…
바람은 잡고 보면 이미 바람이 아닌 것이다.

어떤 남자의 묘비

자애롭고 지성적인 부자를 부모로 둔 그는
태어날 때부터 머리가 좋았으며 외모 또한 출중했다.
자라면서 그의 외모와 지능은 갈수록 빛을 발했다.

그는 음악과 미술을 포함한 모든 예술 분야에도 능했다.
각종의 스포츠 역시 그를 위해 존재하는 것이었다.
그는 풍부한 감성과 위트로 사람들을 즐겁게 할 줄 알았으며
그러면서도 겸손과 배려를 잊지 않았다.

사회에 나간 그의 행보는 독보적이었다.
그가 손대는 사업은 언제나 탄탄대로였다.
그를 시기하거나 미워하는 사람은 아무도 없었다.
모든 사람이 그를 사랑하였다.

그를 칭찬하지 않기란 불가능한 일이었다.
아름답고 우아하며 사려 깊은 여성이라고 예외는 아니었다.

그렇게 만난 두 사람은
동화 속의 왕자와 공주처럼 만인의 축복을 받으며 결혼식을 올렸고
누구나 부러워하는 꼭 자신 같은 아이들을 낳았다.
그가 꾸리는 가정은 그의 사업 못지않게 완벽했다.
자식들은 완벽히 그의 뜻대로
뛰어난 재능과 더불어 훌륭한 인격체로 자라났다.

세월이 흘러, 자식들이 다시 자녀들을 낳아 기를 때쯤
평생 아픔이라고는 모르던 그가
많은 친구들이 보는 앞에서
지상의 것이라고는 믿어지지 않는 평화로운 미소를 띠고
조용히 눈을 감았다.

§

그의 묘비에 누군가가 이렇게 썼다.
"태어나나 마나 한 사람, 심심해서 왔다가 그냥 그렇게 가다."

3년마다

3년마다 결혼을 다시 해야 하는 나라가 있다.
일단 한 번 결혼을 하면 정확히 3년 후에
지금의 배우자와는 헤어지고
새로운 배우자를 만나야 하는 것이다.
만 3년이 되기 6개월 전부터는
새로운 결혼을 위한 교제가 허락된다.
태어나는 아이는 사회가 공동으로 키운다.
물론 본인과 현 배우자 그리고 전 배우자 간의 합의가 이루어지면
직접 키울 수도 있다.
이 나라에서 가장 유망한 직업은 예식 관련 업종이다.
웬만한 방식에는 식상한 신랑신부를 위하여
기상천외한 결혼식이 준비되어 있다.
평생 열두어 번은 치러야 할 결혼식의 비용 마련을 위한
금융상품도 다양하다.
모든 주말은 지인들의 결혼식에 참여하느라
달리 시간을 쓸 겨를이 없다.
몇 번을 결혼하든 부부와 2세의 정보는 정확히 기록된다.
2세 간의 결혼에서 자칫하면
'근친혼(近親婚)'이 나올 수도 있기 때문이다.

어디든 문제는 있다.

3년 후에 헤어지기를 원하지 않는 부부가 있다.

그들은 세상의 눈을 피해 살아야만 한다.

3년이 지났음에도 여전히 부부 관계를 유지하고 있다는 것은

도덕적으로도 사회적으로도 도저히 용서받을 수 없는 것이다.

금지된 것은 언제나 달콤한 법이다.

오랜 세월 동안 전혀 문제가 없었던

결혼제도의 이상이 흔들리고 있다.

급기야 몇몇 급진주의 성향의 젊은 의원들은

'3년마다 결혼법'을 '10년마다 결혼법'으로 바꾸자는 목소리를 낸다.

시민들의 참여를 유도하기 위해

심포지엄이나 세미나를 개최하기도 한다.

하지만 반대 여론 역시 만만치 않다.

오랜 전통을 무너뜨리기에는 힘이 부친다.

오랜 결혼생활에서 오는 권태와

억지로 유지해야 하는 부자유스러움을 없애고자

건국 이래 시행해온 법이 아니던가.

결국 10년에서 5년으로 물러선 젊은 의원들이

집단행동도 불사하고 나섰지만

이미 처음의 취지는 퇴색되고 없다.

종국에는 '평생 한 번 결혼법'의 이상을 외치려던 그들은

이상과 현실의 괴리를 심하게 느끼고 있다.

§

어떤 법으로 그대를 묶을 수 있겠는가?

아주 오래전의 연인들

아주 오래전에 연인이었던 남녀가 있다.
두 사람은 헤어지고 나서 각각의 삶을 살았다.
여자의 기억 속에서 남자가 거의 잊어졌을 때쯤이었다.
남자에게서 연락이 왔다.
여자는 왠지 모를 설렘을 안고 약속 장소에 나갔다.

남자는 몰라보게 바뀌어 있었다.
서툴던 테이블 매너는 찾아볼 수 없었다.
풍부한 경험에서 나오는 세세한 주문은
웨이터를 감탄시키기에 충분했다.
남자의 슈트(suit)는 자연스러움과 세련됨을 함께 갖추고 있었다.
대개, 갑자기 성공한 사람들이 가지는 자화자찬도 없었다.
편안한 목소리는 아련한 정감을 불러일으켰고
풍부한 화제는 시종일관 무료함을 잊게 했다.

이렇게 멋있는 남자였나? 그때 내가 왜 먼저 헤어지자고 했지?

여자의 속마음을 아는지 모르는지

남자의 미소가 여자의 가슴을 울렸다.

식사가 끝나고 귀가 시간이 가까워질수록

여자의 안타까움은 절정으로 치닫고 있었다.

다시 만나자고 먼저 말할까?

아니야, 이미 그런 생각을 가지고서 나를 보자고 한 것 아닐까?

남자가 잠시 자리를 비웠을 때

여자는 지난날의 이별을 돌아보고 있었다.

그때 남자는 이별을 순순히 받아들이지 못했다.

갑작스러운 결별 선언에 충격을 받은 남자는

말조차 더듬거리며 눈시울을 붉혔다.

도저히 믿을 수 없다는 표정으로

얼굴을 일그러뜨리던 남자는 급기야

해서는 안 될 말들을 쏟아붓고는 화를 내며 자리를 떠나 버렸다.

여자는 도저히 오래전의 연인과 현재의 남자를

결부시킬 수가 없었다.

헤어지는 모습에서, 있던 정마저 떨어졌던 남자였다.

다시 만나자고 하려나?

여자가 상상의 나래를 펼치고 있을 때

남자가 다시 자리에 돌아와 앉았다.

조용히 매혹적인 눈빛과 표정으로
여자를 바라보던 남자가 입을 열었다.
여자의 가슴이 때마침 흘러나오는
바이올린의 선율을 따라 고동치고 있었다.

"오랜만에 행복한 시간이었습니다. 즐거우셨는지요?"
여자는 남자가 깍듯이 존댓말을 하는 것이 마뜩찮았지만
기꺼이 대답했다.
"정말 즐거웠어요. 진작 만났더라면 좋았을 텐데요."
"그럴 수도 있었겠지만… 지금이 좋아요. 그래요. 지금이 좋아요."
'그래요. 지금이 좋아요. 지나간 날들은 잊어요.
다시 만나자고 말할 거죠?'
여자는 이미 눈빛으로 속마음을 털어놓고 있었다.
남자가 다시 말을 이었다.
"이제 당신을 보내드릴 수가 있겠어요.
그 옛날엔 정말 그럴 수가 없었지요.
그래요. 이제 당신의 앞날을 위해 빌어줄 수 있어요. 진심입니다."
여자가 자신의 귀를 의심하며 따지듯이 물었다.
"그럼 왜 만나자고 한 거예요? 자존심이라도 되찾고 싶은 건가요?"
"아뇨, 그렇게 한가로운 사람은 아닙니다. 다만 나는…"
"뭐죠?… 다만 어떻다는 말인가요?"
여자가 다그쳤다.

"이별이 아름다워야 사랑이 아름다운 법이니까요.
그 옛날의 이별은 아름답지 못했어요."
"그… 그게 무슨…?"
"놀라게 하고 싶은 마음은 없어요. 말 그대롭니다.
난 당신과의 사랑을 아름답게 간직하고 싶을 뿐인 겁니다."
'말도 안 돼.'

"당신을 알고 지낸 시간들이 내겐 너무나 행복이었습니다.
이 말을 꼭 하고 싶었어요.
예전의 나는 성숙하지 못한 인간이었어요.
이별을 받아들일 수가 없었지요.
하지만 지금은 달라요.
이별은 어쩌면 만남의 일부일 수도 있지 않겠어요?
만나든 헤어지든 사랑은 언제나 아름다운 것이죠.
만남과 이별은 둘이 아니에요.
둘이 아닌 것을 사람들이 둘로 나눌 뿐이죠.
사랑은 만남에 있어서도 이별에 있어서도
당당하고 빛나는 가치라고 생각합니다.
기쁘게 당신을 떠나보내지 못했던 게
너무나 마음이 아팠습니다.
이제 만남과 헤어짐에 흔들리지 않는 사랑을 알아요.
그래서 당신을 웃으며 보낼 수 있습니다. 부디 행복하세요.
내가 당신과 함께했던 시간 동안 느꼈던 것처럼 말이죠."

여자는 그냥 두 손으로 얼굴을 가리고 우는 것 외에는
아무것도 할 수 없었다.
'G선상의 아리아'가 애절하게 두 사람을 감싸고 있었다.

§

그대의 사랑은 어디에 있는가?
아직도 만남과 헤어짐의 이분법을 기웃거리고 있는가?

간디처럼

'마음 성형외과'에 갔다.
"어떻게 고치기를 원하십니까?"
"간디처럼 평화주의자가 되기를 원해요."
"그 외에 또 다른 건 없나요?"
"아인슈타인도 조금 닮았으면 좋겠네요."
"왜 조금이죠?"
"머리가 너무 좋으면 피곤할 것 같아서 말이죠."
"좋습니다. 주문 대로 해드리죠."

그대의 마음을 성형하고 싶은가?

그렇다면 그대는 누구를 닮고 싶은가?

분명 '마음 성형외과'는 많은 부를 가지게 될 것이다.
하지만 너나없이 마음을 성형하게 된다면
누구를 표준모델로 할 것인가?
누구나 역사 속의 위대하고 아름다운 인물들을 흉내 낼 수 있다.
그대는 누구를 흉내 내고 싶은가?
물론 이것저것 섞어서 해도 된다.

더 많은 세월이 지났다.
'존경받는 인물'이며 '사랑받는 인물'이며
'재능 있는 인물'들의 유행이 지났다.
그대가 닮고 싶어 하던 인물들은 이미 많은 사람들이 닮아 있다.
'마음 성형'은 한 번으로 그치지 않는다.
유행을 타던 인물에 식상해한다.
좀 더 괜찮은 마음을 가지기를 원한다.
좀 더 그럴듯한 마음을 가지기를 원한다.

그대는 웬만한 인물들의 마음을 다 가져 보았다.
그대는 이제 좀 더 독창적인 것을 원한다.
대중들의 관심은 중요하지 않다.
그대는 아무도 흉내 낼 것 같지 않은 기발한 것을 원한다.
그대 스스로를 만족시킬 수 있는 마음을 찾는다.

§

그대는 윤회라는 재미있는 시스템을 통하여
그대의 마음을 수십 번, 수백 번 성형하였다.
그대 스스로 즐거움을 느낄 만한 독특한 마음으로 태어났다.
세상 사람들의 마음은
그대가 한 번쯤 가져 보았거나 생각해 보았던 마음이다.
다만 그대는 그런 사실을 망각하고 있다.
동일성이 주는 지루함을 피하려는 그대의 치밀한 계획인 것이다.

그대는 누구를 닮고 싶은가?
그대는 어떤 마음을 가지고 싶은가?
그대가 그토록 염원했던 마음이 바로 지금 그대의 마음이다.

GAME START!!!

차원을 선택하시오.(소수점 차원까지 정확히 해야 합니다.)
_____ 차원

별을 선택하시오.
_____은하계   _____태양계   _____별

(세부 설정을 위해서는 '여기'를 눌러 주세요.)

시대를 선택하시오.
원시시대, 농경시대, 산업혁명시대, 과학문명시대, 정신문명시대

세부적인 연대를 선택하시오.
(00000 ~ 00000)

육체를 선택하시오.
A. 전사형   B. 지능형   C. 예술형
A__% B__% C__%
신장 ____cm 체중___kg
피부의 색상 R____ Y____ B____
두발의 색상 R____ Y____ B____
눈의 색상 R____ Y____ B____
신체라인 S 라인. H 라인. X 라인. A 라인. U 라인. I 라인. Y 라인
눈, 코, 입의 배치: 조밀형, 확장형, 균형형, 세로형, 가로형,
눈, 코, 입의 크기와 모양
(세부 설정을 위해서는 '여기'를 눌러 주세요.)

국가와 민족을 선택하시오.
(세부 설정을 위해서는 '여기'를 눌러 주세요.)

부모를 선택하시오.

영성 수준 부＿＿% 모＿＿%

지성 수준 부＿＿% 모＿＿%

감성 수준 부＿＿% 모＿＿%

재력 수준 부＿＿% 모＿＿%

체력 수준 부＿＿% 모＿＿%

인내력 수준 부＿＿% 모＿＿%

행동력 수준 부＿＿% 모＿＿%

예술성 수준 (시각, 청각, 미각, 후각, 촉각, 몸놀림)

(세부 설정을 위해서는 '여기'를 눌러 주세요.)

부모의 직업을 선택하시오.

부＿＿＿ 모＿＿＿ (세부 설정을 위해서는 '여기'를 눌러 주세요.)

자신의 수준을 선택하시오.

(주의 : 부모의 수준에서 가능한 범위만 허락됩니다.)

영성 수준 ＿＿%

지성 수준 ＿＿%

감성 수준 ＿＿%

재력 수준 ＿＿%

체력 수준 ＿＿%

인내력 수준 ＿＿%

행동력 수준 ＿＿%

예술성 수준 (시각, 청각, 미각, 후각, 촉각, 몸놀림)
(세부 설정을 위해서는 '여기'를 눌러 주세요.)

자신의 직업을 선택하시오.
(세부 설정을 위해서는 '여기'를 눌러 주세요.)

자신이 겪고 싶은 사건과 일어날 시간을 선택하시오.
사건의 종류(세부 설정을 위해서는 '여기'를 눌러 주세요.)
사건이 일어날 시간(세부 설정을 위해서는 '여기'를 눌러 주세요.)
＊ 무작위로 설정할 수도 있습니다.

난이도를 선택하시오.
A : 굉장히 어렵지만 성취감은 최상.
　　역사에 길이 이름을 남기는 수준.
B : 어렵지만 성취감은 상당한 수준.
　　부분적으로 역사에 이름을 남기는 수준.
C : 다소 어렵지만 성취감은 좋은 편.
　　사람들의 기억에 오래 남는 수준.
D : 보통의 난이도에 보통의 성취감.
　　별로 기억에 남지는 않는다.
E : 조금만 노력하면 통과하는 수준.
　　각종 편의와 아이템이 제공된다.
F : 기본적인 노력으로 통과하는 수준.

상당히 많은 편의와 아이템이 제공된다.

G : 초보자도 가능한 수준.

거의 모든 편의와 아이템이 제공된다.

H : 연습 코스.

원하는 모든 것이 제공된다.

＊ 난이도는 H부터 선택해서 통과해야만 상위 코스를 선택할 수 있다.

＊ C코스 이상은 중도에서 그만둘 수 없다.

시작하면 끝까지 통과해야 한다.

＊ B코스는 1,000명 이상의 추천이 있어야 선택할 수 있다.

＊ A코스는 10,000명 이상의 추천이 있어야 선택할 수 있다.

＊ B코스 이상은 자신의 지난 게임 기록을 볼 수 있는

아이템을 제공받을 수 있다.

＊ 모든 코스에서 자신보다 상위 코스 이용자의 도움을 받을 수 있다.

GAME START!!!

이제 그대의 즐거움을 위한

'인생'이라는 이름의 시뮬레이션 게임이 시작되었다.

건투를 빈다.

우리 아들은요(beautiful mind)

한 여자가 아들을 낳았다.
아들은 때로 병치레를 하기도 했지만 잘 자랐다.
아들이 유치원과 어린이 집을 거쳐 학교에 들어갔다.

"아휴, 우리 애는 왜 그렇게 말을 안 듣는지,
그 집 애는 좀 어때요?"
"그럴 때가 있나 봐요. 우리 애도 그래요."

여자는 이름도 모르는 이웃의 여자와
아들을 소재로 수다를 떨었다.
아들은 클수록 아빠를 닮는 것 같았다.
아들이 대학에 들어갈 때는
여느 엄마들처럼 초조해서 견딜 수가 없었다.
다행히 그리 빠지지 않는 대학에 아들을 보내고서야
여자는 안도의 숨을 내쉬었다.

아들이 여자 친구를 사귄다는 걸 처음 알았을 때
여자는 충격과 놀라움과 알 수 없는 배신감에
잠을 이룰 수가 없었다.
하지만 아들이
또 다른 사랑을 경험해야 할 때가 되었다고 생각했다.

어느 날 아들이
이제는 애인으로 승격된 친구를 소개하고
교제를 허락받고 싶다고 말했을 때
여자는 조용히 고개를 저었다.
불필요한 일이라고 느껴졌다.
아들의 인생은 아들의 것이었다.
친구들이 저마다 며느리나 사위를 본다며 초대장을 내밀었다.
'우리 아들도 결혼시킬 때가 되었나 보네.'

아들의 결혼식 날, 웃음으로 위장한 눈물을 흘리고
집에 돌아온 여자는
이유 없이 처연한 흰 장갑을 벗을 수가 없었다.
아들이 신혼여행을 다녀와 서툴게 맨 고름을 앞에 두고
혼자가 아니라 둘이 나란히 절을 올릴 때
여자는 며느리의 두 손을 꼭 쥐고 말했다.
"믿을게."

여자는 손자를 보고 나서 부쩍 늙어 버렸다.
오래전부터 앓아 오던 지병이 급속도로 진행되었다.
의사의 병세에 대한 말이 점점 간결해졌다.
여자는 자신의 삶이 얼마 남지 않았음을 직감했다.
링거에서 흘러나오는 링거 방울의
끊길 것 같은 지루함마저 싫증나 버린 어느 날

여자가 아들과 며느리와 손자를 불렀다.

아무도 보이지 않았다.
처음부터 보이는 아들과 며느리와 손자가 아니었다.
하지만 여자는 남편을 허망하게 잃어버린 후에
아들을 잉태하고 있다고 믿었고
몇 달 후 보이지 않는 아들을 낳았으며
그때부터 보이지 않는 아들의 인생을 바라보며 울고 웃었다.

"이제 갈게. 너 때문에 행복했어."
"엄마, 더 잘 해드리지 못해서 죄송해요."
아들의 마지막 말은
아무도 모르게 쓸쓸히 떠나가는 여자의 독백이었다.

§

보이는 것과 보이지 않는 것
그대는 그 경계를 본 적이 있는가?

쿠오바디스(Quo Vadis)

인터넷에 질문을 올렸다.
"신이시여, 너무나 괴롭습니다. 어떻게 해야 하나요?"
다음 날 답글이 올라와 있었다.

>>>>>>>>>
솔직하지 않으면 안 된다.
충실히 실행하고 나서 다음으로 넘어가라.

그대는 신을 믿는가?
그대의 괴로움은 무엇인가?
괴로움의 실체는 무엇인가?
괴로움의 원인은 무엇인가?
알 수 없다면 찾아낼 때까지 기다려라.
그대는 정말 괴로움을 이기고 싶은가
아니면 단지 괴로움을 호소하는 것인가?
그대를 도와줄 사람들의 명단을 작성하라.
도와줄 수 있는 부분들을 적어라.
잠깐, 그대를 도와줄 사람들의 명단에
그대 자신을 빠트리면 안 된다.
물론 그대 스스로 도울 수 있는 부분들도 적어야 한다.
그대를 가장 많이 도와줄 수 있는 사람은 누구인가?

그대에게 주어진 시간은 그리 많지 않다.

그대에게 가장 도움이 될 수 있는 사람을 만나라.

혹시 그대는 그대 자신을 만나야 할지도 모른다.

그렇다면 조용한 곳에 모든 긴장을 풀고 앉아라.

소란스러운 곳이라도 좋다. 그대의 내면만 조용할 수 있으면 된다.

모든 허울들은 내려놓는다. 지나간 감정들도 내려놓는다.

살아 있음을 느껴라.

존재하고 있음을 느껴라.

모든 것이 아름답게 느껴질 때 그대는 나[神]를 만나고 있는 것이다.

이제 그대의 괴로움은 사라졌다.

옛날 옛적에(영혼들의 전쟁)

영혼들의 세계에 전쟁이 발발했다.

언제나 즐거움만을 위하여 사용되던 다양한 능력들이

상대를 위협하고 해치는 곳에 쓰이기 시작했다.

그러나 어느 쪽도 쉽사리 소멸되지는 않았기에

전쟁은 날로 치열해졌다.

수많은 영혼들이 그 틈바구니에서 괴로운 시간을 보내야 했다.

어느 영혼도 다른 영혼보다 낫거나 못하지 않았으나
몇몇 영혼은 스스로 다른 영혼들의 위에 서기를 원했다.
처음에는 아무도 반발하지 않고 다들 지켜만 보고 있었다.
그러나 그런 시간이 조금 지나고 나서
오히려 그 영혼을 발아래에 두려는
또 다른 야심찬 무리들이 일어났다.
뜻을 같이 하거나 친밀한 관계에 있는 영혼들이
본의 아니게 편을 갈라 싸우게 되었다.

날로 거세지는 공격 속에서
살아남는 방법은 두 가지밖에 없었다.
진동수를 높여 창조주의 중심영역으로 가는 방법과
진동수를 떨어뜨려 고밀도의 몸인 육체를 가지는 방법이었다.
창조주의 중심영역으로 가면
지고의 평화와 기쁨을 가질 수 있었지만
'나'라는 개체성은 거의 사라진 채 존재해야 했다.
게다가 아무에게나 그러한 영역이 허락되는 것도 아니었다.

많은 영혼들이 고밀도의 몸인 육체를 가지는 쪽으로 결정을 내렸다.
육체는 불편하기 짝이 없었다.
이전에는 한 번도 느껴 본 적이 없었던 여러 가지 괴로움이 찾아왔다.
몸의 일정한 상태를 유지하기 위하여
다른 고밀도의 생명체를 섭취해야 했고

생명 작용의 알맞은 환경을 위하여
몸을 항상 따뜻하게 유지해야 했다.
새로 태어난 육체(아기)는 꽤 오랜 세월이 지나서야
제대로 삶에 적응할 수 있었기에
그 시기 동안 모든 것을 돌봐 주어야 했다.

영혼의 세계에서 누리던 자유와 평화가 그리워지기 시작했다.
하지만 이미 차원을 바꿔 버린 몸을 벗기 전에는
다시 영혼의 세계로 돌아갈 수가 없었다.
몸을 벗을 때는 극심한 고통이 따라왔다.
고통스럽지 않게 몸을 벗는 방법은
저절로 벗겨질 때까지 기다리는 방법뿐이었다.
과거의 영화를 기억한다는 건 괴로운 일이었다.
많은 영혼들이 다시 영혼의 세계로 갈 때까지
기억을 잃어버리기로 결정했다.
몸을 벗고 나면 자연스레 과거의 모든 기억들이
떠오르도록 조정하였다.

몇몇 몸을 벗은 영혼들에게 이상한 일이 일어났다.
즉시 찾아와야 할 과거의 기억들이 희미해진 일이었다.
명백한 실수였다.
고밀도의 몸인 육체를 가지고 살았던 시간의 기억이
너무나 강력하여

과거의 기억을 되찾는 것을 방해하였던 것이다.

누구도 예측하지 못했던 일이었다.

그러한 영혼이 차츰 수가 많아져 꽤 큰 무리를 이루게 되었다.

자연스레 하나의 영역이 형성되었다.

육체의 차원과 영혼의 차원의 사이에 다리처럼 놓인 영역이었다.

그리고 많은 시간이 흘렀다.

처음 발단이 되었던 영혼 세계의 전쟁은 막을 내렸으나

정작 전쟁을 피하기 위하여 만들어진 육체의 차원에서는

도처에서 전쟁이 일어났다.

육체를 존속시키려는 생존의 본능과

다른 존재의 위에 서려는 권력의 본능 때문이었다.

영혼의 세계에서 일어났던 전쟁이 고스란히 재현되고 있었다.

모든 영혼들에게 태초의 사랑에 대한 기억을 되찾아 주기 위하여

창조주의 영역으로부터 메신저들이 보내졌다.

육체의 껍질 속에서 상당 시간을 보낸 그들이

자신의 사명을 떠올렸다.

모든 영혼은 창조주 안에서 하나이며

언제나 사랑 그 자체임을 말하였다.

수많은 영혼이 메신저들을 따랐다.

곧 영혼의 뿌리 기억들을 다 찾을 것만 같았다.

또다시 시간이 흘렀다.
메신저를 따르던 무리들은 차츰 원래의 가르침을 잊고
어느 메신저를 따르느냐로 갈라져 싸우게 되었다.
웃지 못할 우주의 아이러니였다.
육체에서 비롯된 감각은 생각보다 너무나 강력한 것이었다.
튼튼한 에고의 틀은 우주의 사랑과 진리마저
자신이 원하는 모양으로 왜곡시켜 거두어 들였다.
또 다른 메신저를 보내는 것은 혼란만 가중시킬 뿐이었다.

지고의 영역인 존재계에서 하나의 중대한 결정을 내렸다.
처음 우주가 만들어질 때 있었던 거대한 에너지의 팽창이
한 차례 더 우주를 뒤덮었다.
지고의 사랑과 지고의 기쁨이었다.
모든 존재가 다 느낄 수 있을 만큼 충분히 강한 울림이었다.
위대한 울림은
육체의 차원, 육체와 영혼의 다리 차원, 영혼의 차원에 이르기까지
골고루 퍼져 나갔다.

§

다시 모든 존재가 순수한 창조주의 사랑 안에서
기쁨을 노래하게 될 것이다.

기억을 떠올려라.
사랑을, 기쁨을, 자유를 떠올려라.
위대한 울림은 바로 그대가 일으키는 것이다.

아픔

아픔이 신호를 보낸다.
주인에게 열심히 신호를 보낸다.
좀 더 많이 사랑해 달라고 신호를 보낸다.
단지 대화를 하고 싶은 것이다.
혹시 주인이 모를까 봐… 몰라서 더 심해질까 봐 말을 거는 것이다.

약이 주인 대신 아픔을 만났다.
'처방전'은 주인 대신 아픔을 만나도 된다는 위임장이다.
약이 아픔에게 말했다.
"넌 왜 자꾸 신호를 보내는 거니? 네 주인이 아파한다는 걸 몰라?"
"아프게 하기 위해서가 아니야. 더 위험해지는 걸 막기 위한 건데?"
"어쨌거나 네 주인은 아파하고 있어 그걸 원하는 건 아니지?"
"아니지, 하지만 신호를 보내야만 해.
난 그렇게 하기로 되어 있는 걸?"
"그건 내가 알아서 할 테니 좀 조용해 줄래?"

"어떻게? 난 내 의지를 꺾을 수가 없어."

"그거라면 걱정 마. 내게 좋은 해결책이 있어."

"해결책?"

"나를 받아들여. 그러면 네 의지가 자연스레 꺾일 거야."

"좋아. 널 믿을게.

하지만 내 대신 주인에게 꼭 전해 줘야 해. 알았지?"

"걱정 마."

대리자의 활약(?)으로 아픔이 사라졌다.

하지만 약속은 지켜지지 않았다.

아픔의 의도는 비밀에 부쳐졌다.

사실을 말하자면 약은 아픔의 진심을 전달할 줄을 모른다.

우선 아픔을 잠재우기 위하여 거짓 약속을 한 것이다.

한참이 지나도 소식이 없자 아픔이 다시 신호를 보낸다.

'주인님, 날 좀 봐요. 지금 당신의 몸은 심각한 지경이라고요.'

잠시 후 또 다른 대리자가 나타났다.

"너, 왜 그러니?"

"어? 넌 또 누구니? 전에 봤던 친구가 아닌데?"

"걘 일처리를 똑바로 못해서 잘렸어. 이제부터 내가 맡는다."

"맞아, 일처리를 똑바로 못한 게 확실해. 걘 약속을 어겼어."

"무슨 약속?"

"주인에게 내 진심을 전해 준다던 약속."

"그래? 네 진심이 뭔데?"

"이제 심각해.

지금 돌보아 주지 않으면 내가 있는 곳은 소멸되고 말 거야."

"알았어. 찡그린 얼굴 좀 펴. 보기 안 좋아. 내가 대신 전해 줄게."

"넌 정말 약속을 지킬 거지?"

"그럼, 믿어 봐."

"알았어. 지금 빨리 전하지 않으면 위험해."

"두 말하면 잔소리."

아픔이 다시 대리자를 받아들이자 의지가 꺾였다.

몇 번을 되풀이했다.

순진한 '아픔'은 번번이 대리자에게 속았다.

대리자들의 모습도 점점 바뀌었다.

그나마 대화를 시도하던 대리자들은 나은 편이었다.

우격다짐으로 아픔을 삼키려는 대리자들은 무섭기 짝이 없었다.

'주인님, 이제 난 지쳐 가요.

제발 내 말을 들어주세요. 제발… 제발… '

아픔의 생명이 꺼져 간다.

주인에게 상황을 알리기 위해서 본분을 다 했던 아픔이

죽어 가고 있다.

아픔이 죽으면 주인도 죽는 거다.

죽은 자는 아픔을 느끼지 않는다.

§

마음이라고 다를까?

마음이 아프면 마음을 돌아보라.

마음의 근원을 돌아보라.

혹시 생명과 사랑의 빛이 비치지 않는 곳이 있는지 살펴라.

아픔은 그대를 일깨우기 위한 신호다.

그대가 몸과 마음을 도구로 쓰기로 한 순간부터 시작된

숭고한 약속이다.

마음이 신호를 보낼 때,

마음을 마비시키거나

애써 그 신호를…

대화를 나누자는 간절한 외침을 외면하고 있지는 않은가?

마음이 시키는 대로 다 해주라는 것은 아니다.

다만 마음의 외침을 아름답게 들을 수 있을 때

그대의 영혼이 깨어난다는 사실을 기억하라는 것이다.

그대를 아프게 하기 위해서 존재하는 것은 아무것도 없다.

다만 그대에게 간절히 외치고 있을 뿐이다.

다가서라. 안아 주어라.

그대의 뜨거운 사랑의 온기로 더없이 꼭 안아 주어라.

천국으로의 납치

옆자리에 앉은 남자는 행색이 특이하다.
등 가운데까지 내려오는 머리는 표현할 수 없는 윤기를 띠고 있고
눈빛은 언제나 보고 있는 것을 통과해서 그 뒤를 응시하는 것 같다.
어쩌면 남자라고 판단하는 것부터가 잘못인지도 모른다.
분명 체형의 특성은 남자로 보이지만
여자처럼 가냘프게 보이는 손목과 손가락은 뭐란 말인가?

경고등에 불이 꺼지고 흔들리던 기체가 안정되었다.
스튜어디스들이 미모보다 못한 기내식을 나른다.
친절한 미소로 내 앞에 펼쳐둔 간이 테이블을 채워주는
스튜어디스의 태도가 좀 이상하다.
옆자리에 앉은 남자에게는 음식은커녕
인사조차 제대로 하지 않는다.
아하, 공항 관계자이거나 인사치레가 필요 없는 잘 아는 사람인 게지.
하지만 지나는 스튜어디스들마다
단 한 명도 인사를 건네지 않는 건 좀…

떠들썩하니 식사를 하던 승객들이 차츰 하나씩
시트 속으로 몸을 누일 때였다.
옆 자리의 남자가 일어나더니 기내의 복도로 나갔다.
기내를 한 차례 둘러보고는 남자가 나직이 말했다.

"지금 이 비행기는 납치되었습니다. 이 비행기는 천국으로 갑니다."
바로 옆에 있는 내 귀에나 겨우 들릴까 말까한 목소리였지만
어찌된 일인지 기내의 모든 승객들이
조용히 그의 말을 듣는 지경이 되었다.
스튜어디스들의 반응은 더 이상하다.
"누구야? 저 사람 언제 탄 거지? 아까까지 없었잖아."

"당신 누구요? 누군데 이 비행기를 납치한다는 거요?"
누군가 소리를 질렀다.
납치범에게 하는 말치고는 건방지기 짝이 없다.
어쩐지 사람들은 이 머리 긴 납치범을 두려워하는 것 같지가 않다.
하지만 그러면서도
이 남자가 비행기를 납치할 수 있을 거라고 믿는 것 같다.
도대체 무슨 일이 벌어진 거지?
"오늘 이 비행기를 탄 사람들이 모두 원한 거지요. 그렇지 않나요?"
납치범의 목소리라기엔 너무나 아름답다. 젠장.

"누가 천국행을 원했다는 거야? 난 뉴욕에 가려고 탄 거라고."
"우리 애들을 천국으로 보내고 싶어 했다고? 맙소사, 말도 안 돼."
"난 뉴욕에 가야 해. 가지 않으면 회사가 넘어가 버려."
"사랑하는 사람을 두고서 갈 수는 없어."
사람들이 저마다 한마디씩 불평을 늘어놓는다.
더는 아무도 할 말이 없어질 때까지

기다리던 남자가 다시 말했다.

"맞습니다. 해야 할 일이 많이 남아 있겠지요. 하지만…

여러분들은 오늘 천국으로 가기를 모두 희망했습니다.

이미 천국에서는 여러분들의 의견을 받아들였습니다.

희망하지 않은 사람이 하나도 끼어들지 않도록

조정하는 데 꽤 힘들었습니다.

여러분들을 한 비행기에 태우는 것이 그리 쉬운 일은 아니었지요."

더 이상 술렁거림은 없다.

짐짓 항변해 보던 사람들이 오히려 안도의 숨을 내쉬고 있다.

모두들 원했던 일이다.

한 명의 예외도 없다. 심지어 아이들조차도.

누군가가 물었다.

"그럼 당신은 도대체 누구요?"

"난 천사입니다.

특별한 감각을 가진 사람들만이 나를 볼 수 있습니다.

하지만 지금은 누구나 볼 수 있도록 조정해 두었습니다."

아하, 스튜어디스들도 천사에게 친절한 법까지

배우지는 못했던 거로군.

"좋습니다. 난 이 순간을 기다려 왔어요.

하지만 어떻게 천국으로 간다는 거죠?"

남자 아니, 천사가 말없이 손가락을 들어 창밖을 가리켰다.

사람들의 시선이 손가락이 가리키는 곳으로 쏠렸다.

분명 거기에는

원인 모를 사고로 불을 뿜으며 추락하는 비행기가 있었다.

천사의 하이재킹은 사전 동의가 아니라 사후 승인이었던 것이다.

천사가 말했다.

"잠시 후면 비행기처럼 느껴지는 이 공간은 다른 형질로 대체됩니다.

천국에 진입하게 되면 여러분들의 물질적 감각은

대단히 낯선 것이 되고 맙니다.

너와 나로 뚜렷이 구분되는 성향마저도 다소 모호해질 것입니다.

바로 여러분들이 원했던 상황입니다. 즐거운 여행 하시기 바랍니다."

스튜어디스들은 자신들의 의무를 뺏기고 있는 상황에서도

그다지 질투 어린 표정은 아니다.

뭔가 소리 없는 울렁거림이 전해지더니

주위가 따뜻한 빛으로 가득 차고 있다.

여기가 어딘가?

고향에 돌아온 느낌이다.

기억 저장소의 가장 깊은 곳에서 기쁨이 반색을 하고 뛰쳐나온다.

어디선가 아름답다는 말로는 다 표현할 수 없는 음악이 들린다.

왜 그래야 하지

한 남자가 있다.
불의의 사고를 당한 그는 아무런 말도 아무런 표현도 하지 못한다.
다만 생명이 꺼지지 않은 것을 증명하듯
조용히 숨 쉬고 있을 뿐이다.
남자를 너무나 사랑하던 한 여자가 있다.
남자가 너무나 사랑하던 여자…
모두의 우려와 안타까움을 물리치고 여자는
언제나 그의 손이 되었으며
언제나 그의 눈이 되었으며
언제나 그의 발이 되었다.
언제 일어날지, 아니 일어날 수 있을지조차 알 수 없는 상황이었다.
모두들 그녀를 칭찬했다.
5년이 지난 후 기적이 일어났다.
꾀병을 앓은 듯 아무렇지도 않은 표정으로 남자가 깨어났다.
하지만 정작 불가사의한 일은 그 다음에 일어났다.
남자가 깨어나는 것을 지켜본 여자는
다음 날 조용히 남자의 곁을 떠났다.
왜?

다시 돌아올 수도 있을까?
남자가 자신을 찾기를 바라는 걸까?

자신의 역할은 끝났다고 생각하는 걸까?
어쩌면 너무나 지쳐 버린 건지도…

정반대의 경우도 있다.
깨어난 남자가 아무런 설명도 없이 여자의 곁을 떠났다.
왜?

여자의 헌신과 봉사가 부담스러웠던 것일까?
오랜 투병 중에 정신이 이상해진 걸까?
이제는 여자를 사랑하지 않는 걸까?
어쩌면 기억을 잃어버린 건지도…

§

그다지 이유 있는 일이 얼마나 될까?
언어로 표현할 수 있는 것은 아주 조금이다.
떠난 여자에게 박수를 쳐 주자.
떠난 남자에게 박수를 쳐 주자.
어느 별에서 두 사람이 만나기를 기도하자.
다시 사랑하든 헤어지든
두 사람에게 맡겨 두자.

누가 꽃의 이름을 물었나

아직

아직 충분히 아름답지 못하오.
그대를 맞이할 수 있을 만큼
아름다워질 날이 언제인지
꿈처럼 세어 보아도
나처럼 보는 것은 망각뿐 성이오.

밤이 깊어도 밤을 알지 못하오.
아직 별을 보고 노래할 만큼
절절히 가슴 아린 고뇌를 모르오.
오직 그대의 기쁜 얼굴을 보기에도
생은 그렇게 빠듯하오.

차라리 태어나지 말 걸 그랬소.
하지만 이미 그렇게
셀 수 없이 많은 시간을 돌아보고 던져진 걸
어찌 하겠소.
갈 길을 갈 도리밖에 없지 않겠소.
아직 많이 노래하지 못하오.
그대를 다 품을 수 있을 만큼
넉넉할 날이 언제인지
얼어붙은 손을 꼽아 보아도
오직 고요한 독백만이 낭자하오.

나를 던져 버리겠소.
모든 기억을 떠올리고
아름다이 그대를 바라볼 수만 있다면
아직 늦지 않을 것이오.

내가 원한 것인지 세상이 원한 것인지
그리 묻지 마오.
난 아직 모르오.
한 걸음 뒤에 또 한 걸음이 그리고 또 한 걸음이
오로지 따라오리란 걸 믿을 뿐이오.

블록버스터

90분짜리 영화를 만들기 위하여 1억 달러의 제작비가 들어간다.
그대의 삶은 약 4200만 분의 영화다.
얼마의 제작비가 필요할까?
약 500조 달러의 경비가 소요된다.
상상을 초월하는 블록버스터(block buster)인 것이다.

그대가 무심코 넘기는 순간들을 위해서도
어마어마한 경비가 소요된다는 것을 잊지 마라.

감독이 그대에게 요구하는 것은 단 한 가지뿐이다.
매 순간 즐겁게 연기할 것

밀착된 관계

밀착된 관계는 때때로 의존을 낳는다.
서로의 자유 의사가 무시된다.
사랑은 너와 내가 하나가 되는 것이지만
의존 관계는 너와 내가 합쳐져 더 큰 에고를 만드는 것이다.

이러한 의존 관계는

부모자식, 부부, 친척, 친구, 동료 등에서 자주 나타난다.

그들은 의존 관계를 애정 관계와 혼동한다.

서로의 일거수일투족이 문제가 되는 것이다.

상처투성이가 되어 피를 흘리면서도

어디서부터 무엇이 잘못되었는지 알지 못한다.

친밀한 관계에 놓인 사람은 상대를 다 안다고 생각한다.

그러한 생각은

상대의 행동을 자신의 눈 안에 가두어 놓고 보게 한다.

안다는 것은 진정한 사랑이나 우정과는 별개임에도

그것을 눈치 채기란 매우 어려운 일인 것이다.

사람은 진화하고픈 욕구를 가지고 있다.

그 욕구는 다른 어떤 욕구보다 우선한다.

그러나 이미 눈높이를 정해 놓은 의존 관계에서의 시각은

그 욕구를 심각하게 방해한다.

흔히 이런 경향은 시한부 없이 진행된다.

절대로 상대의 발전을 인정하려 하지 않는다.

자신이 가장 못 견뎌 하는 시선을 상대에게 쏟아붓는 것이다.

그대의 눈은 보고픈 것을 찾아내는 능력을 가지고 있다.

심지어 만들어서라도 보는 것이 눈 아니던가!
눈과 눈으로 서로를 꽁꽁 묶어놓고서
사랑한다고 외치는 모순은 뭐란 말인가?
그대의 '안다'를 지워라.
그대 눈의 관성을 지워라.
그대가 지금 보고 있는 것은 어제 보던 그것이 아님을 인정하라.
그대가 그렇게 볼 수 있을 때
세상 역시 그대를
무한의 가능성과 무한의 사랑으로 바라볼 것이니…

파블로프의 개

종을 친다.
개에게 밥을 준다.
나중에는 종만 쳐도 개는 침을 흘린다.

종을 치지 않고 밥을 주면 어떻게 될까?
물론 개는 밥을 먹는다.
하지만 밥을 먹지 않는 개도 있을 수 있다.
그 개에게 종은 밥의 일부다.
종을 치지 않고 밥을 먹는다는 것은 있을 수 없는 일인 것이다.

에고는 종을 치기를 원한다.
분석되지 않는 것을 싫어한다.
순서나 논리에 어긋나는 것을 싫어한다.
예의에 어긋나는 것도 지독히 싫어한다.

종을 치지 않아도 뜨는 달은 어떻게 할 것인가?
바람의 이름을 그대는 무어라 지을 것인가?

잠시라도 내려놓아라.
끝없이 아름다운 우주를 분석하려는 그대의 에고를 내려놓아라.
30cm 자를 들고 우주를 재지 마라.

도덕적 쾌락

'도덕적 쾌락'
어려운 말이다.

'데블스 에드버킷(Devil's advocate)'이라는 영화가 있다.
언제나 승소할 수 있는 힘을 악마로부터 부여받은 주인공이
절체절명의 순간에 자신의 명성과 자존심을 팽개치고
악마의 달콤한 유혹을 거부한다.

주인공은 다시 찾은 자신의 양심과 의로움에 기뻐하지만
악마는 그런 주인공의 뒤편에서
아무도 모르게 의미심장한 미소를 짓는다.
주인공은 또 다른 악마의 유혹에 걸려든 것이다.

§

그대가 선을 행하면서 기뻐할 때
자칫 그대가 그 기쁨에만 취하고 있다면
그대는 사랑의 본래 의미를 잊어버리고 있는 것이다.
'도덕적 쾌락'이라는 말은 그래서 나온 말이다.
그대가 행하는 자선은 언제나 그대 자신에게 베푸는 것이다.
그러나 그대가,
불쌍한 그에게 베푸는 것이라면…
그것은 그대의 에고를 채우기 위한 수단에 불과한 것이 되고 만다.

누군가 모자라서
그대가 돕는 것이 아니다.
오히려 그대는 그들의 풍요로움과 아름다움과 완전함을
너무나 믿기 때문에
그들과 그 사랑을 함께 느끼고 누리려 하는 것이다.

구원받아야 할 만큼 불쌍한 영혼도

가르쳐야 할 만큼 어리석은 영혼도 없다.
모든 영혼은 창조주의 화신이며
완전함과 자유를 갖춘 최상의 가치이며 아름다움이다.

지금 존재하라

그대가 현재에 존재한다는 것을 자각할 때만
그대에게 주권이 주어진다.
그대는 그대의 과거에 주권을 행사할 수 없다.
만약 그대의 과거를 바꾸고 싶다면
그대의 현재를 바꾸어라.

과거와 미래는 그대의 비교 속에 있지만
현재는 그대 내면의 가장 깊은 곳에 그 뿌리가 있다.
과거와 미래는 그대와 함께 있지 않지만
현재는 언제나 그대와 함께 있다.

과거와 미래의 나눔은 편의상의 나눔일 뿐이다.
그대가 현재를 사랑하는 한
어떤 과거도 어떤 미래도 그대를 힘들게 할 수 없다.

에고의 확장

에고는 끊임없이 자신을 확장하려는 관성을 가지고 있다.

그대는 가장 먼저 그대의 자녀에게 그대의 에고를 투영한다.

자녀의 성공은 그대의 성공이다.

자녀의 행복은 그대의 행복이다.

그대는 말한다.

"다 너를 위해서야."

하지만 정작 그대의 자녀들은 성공에도 행복에도 이르지 못한다.

그대의 에고가 투영되어 있는 채로

그대의 자녀가 행복할 수 있다고 보는가?

그럴듯한 말들로 정당화시킬 수는 있다.

하지만 진실은 아니다.

에고는 자녀에게 확장되는 것으로 멈추지 않는다.

그대의 에고는 남편, 아내, 가족, 그대가 속한 단체,

그대가 속한 종교, 민족, 국가로 확장되기를 원한다.

에고는 배부름을 모른다.

채울 수 없는 갈증을 가진 그대의 에고는

마지막으로 그대를 삼키려 할 것이다.

그대가 사랑한다고 믿는 대상에게 그대의 에고를 투영하는 한

그대의 진짜 행복은 없다.

거울 보고 가위바위보

거울 보고 '가위바위보'를 해보라.
혹 그대가 이길 수 있다면 좋은 일이다.
하지만 난 그대가 이길 수 없다는 쪽에 걸겠다.
그대가 진다고 말하는 것은 아니다.
다만 그대가 질 수도 이길 수도 없는
고약한 상황에 놓여 있다고 말해 주는 것이다.

그대의 에고가 하나의 마음을 만들어 낸다.
그대의 에고는 그 마음을 이기려 또 다른 마음을 만들어 낸다.
하지만 그대의 에고가 만든 마음끼리는
도무지 승부가 나지 않는다.
아무리 다른 모습으로 치장하더라도
사실은 같은 모습이기 때문이다.
바로 거울 보고 '가위바위보'인 것이다.

그대는 먼저 그대의 에고가 만든 거울을 깨 버려야 한다.
이제 계속해서 비기는 방법은 없다.
그대는 이제 이기든 지든 선택해야만 하는 상황이 된 것이다.
피해 갈 곳은 없다.
비기는 것보다야 지는 것이 나은 것이다.
진다는 것은 이길 수도 있다는 것이다.

그대는 단지 한 번만 이기면 된다.
그대를 속박하는 것들에게
꼭 한 번만이라도 이긴다면
그것들은 더 이상 그대를 움직일 수 없게 된다.
하지만 그대가 그대를 속박하는 것들에게
그대의 에고가 만든 얄팍한 장치들을 동원한다면
그대는…
지기 싫어 이기지도 못하는
요지경 세계에 갇혀 살아야만 한다.

아마겟돈

아마겟돈은 전쟁이라고들 말한다.
하지만 총알이 날아가고 포탄이 터지는 전쟁은 아니다.
아마겟돈은 그대의 내면에서 일어나는 전쟁이다.
모든 인류의 내면에서 일어나는 전쟁이다.
소유와 집착이라는 도구로
끈질기게 자신의 입지를 굳혀 온 그대 속의 에고와
그 에고보다 훨씬 지고한 위치에서
그대와 세상을 사랑으로 보아 온 그대 본질과의 싸움인 것이다.
아마겟돈은 한날한시에 일어나는 것이 아니다.

그대는 먼저 혹은 나중에 겪을 수도 있다.
어쩌면 바로 지금 그대의 내면에서
아마겟돈이 일어나고 있는지도 모르겠다.

두려워할 필요는 없다.
아마겟돈의 결과가 그대에게 불리하게 작용할 일은 없다.
다만 그대가 좀 놀라게 될 수는 있다.
여태껏 소유할 수 있다고 생각해 왔던 모든 것이
사실은 전혀 소유가 불가능하다는 것을 알게 되었을 때
그대가 어떤 표정을 지을지 궁금하다.

하지만 안심해도 좋다.
소유가 불가능하다는 말은 그대가 생각하는 그런 것이 아니다.
누군가는 가지고 그대가 못 가진다는 말이 아니다.
원래 모두가 그대의 것이기에
그대가 새삼 소유한다는 것은 불가능하다는 말이다.
단지 그대는 '그대'의 한계가 어디인지를 잘 알아야만 한다.

결국 돌아오고 말았다.
모든 문제는 '그대'가 무엇이냐는 것이다.
그대의 몸이 아닌
마음이 아닌
경험이 아닌

개체성이 아닌
나뉘어져 있으나 하나이며 전체인 우주로서의 그대를 바라보라.
그대는 이제 인류의 모범이 될 자격을 얻었다.

말의 관성

말에도 관성이 있다.
열심히 말하다 브레이크가 걸리지 않아
하지 말아야 할 말을 한 적이 있을 것이다.
반대로 늘 침묵을 사랑한 나머지
꼭 해야 할 말을 못 했던 경우도 있을 것이다.

또한 말의 의미에 대한 관성도 있다.
정작 자신의 견해가 아니면서도
이미 뱉은 말의 내용에
자신도 모르게 따라가는 경우가 있다.
나중에는 자신이 무슨 말을 하는지 모르는 지경이 되고 만다.

스스로의 말을 보라.
깨어 있는 의식으로 자신의 말을 들으라.
자신의 말이 들리기 시작했다면

이제 말의 관성에 허덕이는 일은 없어질 것이다.

그대에게 마구 말을 하는 사람들을 용서하라.
그들의 진심이 아니다.
단지 관성에 이끌려 그렇게 말한 것뿐이다.
관성을 못 이겨 그 관성에 끌려다니는 그들과
관성을 극복하고 스스로의 행위를 바라볼 수 있는 그대는
더는 싸움을 할 수준은 아니지 않은가!

에고는 정리하기를 좋아한다

에고(ego)는 정리하기를 좋아한다.
에고는 진리를 분석된 가치로 만들어 버린다.
진리가 그대의 에고 속에 차곡차곡 정돈되어 있다고 해서
그대가 사랑 안에서 살아간다고 말할 수는 없는 것이다.

먼지가 뽀얗게 쌓인 채 정리되어 있는 진리가 무슨 소용인가?
한 번 정리하고서 두 번 다시 돌아보지 않는 사랑이
무슨 소용인가?
진리는 정리해 두고서 필요할 때만 꺼내 쓰는 물건이 아니다.
언어나 문자로 잘 정리해 두고서

마치 부자라도 된 듯이 행동한다면
그대는 큰 잘못을 저지르고 있는 것이다.

어쩌면 그대는 새로운 진리에 목말라 있는지도 모른다.
그대가 들어보지 못했던 것
그대에게 익숙하지 않은 어떤 것을 갈구하는지도 모른다.
하지만 그대는 그대가 안다고 생각하는 것을
얼마나 실천하고 있는가?

그대에게 분석당한 진리들은 이미 죽어 있다.
진리는 소유물이 아니다.
그럼에도 그대는
그대와 같은 것을 가지지 않은 사람을 비웃는다.
진리가 그대에게 남을 비판할 권리를 가져다 줄 수 있는가?
더구나 진리가 세상과 또 다른 그대인 타인들을
재고 분석할 권리를 가져다 줄 수 있는가?

누군가 절실한 사랑을 외칠 때
'나도 다 아는 이야기야.'
'책에서 본 거야.'
'넌 내가 모르는 어떤 것도 내게 말해 줄 수 없구나?'
라고 반응하는 그대의 에고를 어떻게 생각하는가?

기껏 모아 놓은 아름다운 음악과 글들을
단지 PC의 '내문서' 안에 들여놓고서 만족하고 있지는 않은가?
누군가 아름다운 음악을 들려주면
"그거 나도 가지고 있는 음악인 걸?"
하고 말할 건가?
누군가 마음을 울리는 글을 읽어 주면
"그거 나도 가지고 있는 글인 걸?"
하고 웃을 건가?

정리하는 걸 탓하고 싶지는 않다.
하지만 정리하느라
정작 가장 아름다운 가치를 실천하는 일에 인색해서는 안 된다.

조목조목 진리를 늘어놓는 공자에게 노자는 이렇게 말했다.
"제발 그 거추장스러운 것들 좀 치우게나."

세련된 그대의 에고

'세련된 에고'는 버리기 어렵다.
과연 버려야 하는 것인지도 의문이다.
아니, 버려야 한다는 생각조차 일어나지 않는다.

추악하다고 손가락질받는 덜 떨어진 에고는
버려야 하는 것인 줄 누구나 안다.
기꺼이 버리려 할 것이다.
그러나 그대의 '세련된 에고'는 어떡할 것인가?
우아하게 보인다.
예의와 염치에 합당하게 보인다.
어디서든 그럴듯하게 아름답게 보인다.
그래서 '세련된 에고'는 버리기 어렵다.

세련된 것과 아름다운 것은 다르다.
세련된 것이,
아름다움이 가득해야 할 그대의 가슴을
다 차지하고 있다는 사실을
그대가 빨리 알아주기를 바랄 뿐이다.

사과와 포도

사과를 좋아하면 포도를 좋아할 수 없는가?
개를 좋아하면 고양이를 좋아할 수 없는가?
아들을 좋아하면 남편을 좋아할 수 없는가?
애인을 좋아하면 다른 이성을 좋아할 수 없는가?

뒤로 갈수록 대답하기 어려워진다.
뒤로 갈수록 에고가 강해지는 것이다.
사과는 에고를 가지지 않는다.
포도를 좋아한다고 해서 사과가 불만을 가지지는 않는다.
하지만 사람의 경우는 어떤가?

에고는 소유를 좋아한다.
에고는 치장하기를 좋아한다.
스스로의 아름다움을 모른다.
다른 가치를 끌어들여서 아름다워진다고 생각한다.
그리하여 에고에게는 소유 역시 하나의 치장인 것이다.

에고에게 주권을 내준 삶은 소유와 치장의 삶이다.
그대의 소유를 모두 비워 내고 그대의 치장을 모두 벗겨 내고도
그대에게 남아 있는 것
그것이 그대의 진실한 모습이다.
소유와 치장으로 얼룩진 그대의 삶을 회복하라.
그대의 진정한 가치가 눈을 뜰 때
그대가 가질 수 없는 것은 없다.

당연한 일

그대는 그대의 팔을 "이건 내 팔이야." 하고
강력히 주장해 본 적이 있는가?
왜 그대는 주장하지 않는가?
그대의 팔이야말로
명백히 그대의 것이 아니던가?
자기 것임을 알 때에는
아무도 자기 것이라고 주장하지 않는다.
자기 것에 대해서는 주장할 필요가 없는 것이다.

아무것도 자기 것이라고 주장하지 않는 사람은
그 모든 것이 당연히 자기 것이라고
명백히 알고 있기 때문인 것이다.

그대는 무엇을 그대의 것이라고 끊임없이 주장하고 있는가!

윤회의 이유

때로 다 잊고 싶다고 생각한다.
이것이 바로 윤회의 이유다.

피하고 싶은 것이다.

모든 것을 잊고 전혀 다른 환경을 살아보고 싶은 것이다.

그래서 그대는 그대의 전생을 기억하지 못하는 것이다.

스스로 선택한 기억상실이다.

그대가 그대의 전생을 기억해 내려면

지난 생애의 모든 기억을 떠올리고도

흔들리지 않을 수 있는 마음가짐이 되어야 한다.

또 다른 연극을 하면서

지난번의 배역을 떠올린다면

지금의 연극에 몰입하기가 어려운 것이다.

물론 아무런 배역도 없이 쉬고 있을 때는

모든 배역을 떠올릴 수도 있다.

그대가 연극에 몰입하면서도

또한 연극이라는 것을 아는 지점에서 성찰할 수 있을 때

그대의 모든 배역들이 떠오를 것이다.

하지만 그럼에도 불구하고

그대는 기억하고 있어야 한다.

지금은 그대가 다음 생에 그토록 궁금해할 전생이며

지금은 그대가 지난 생에 그토록 궁금해했던 내생이라는 것을…

명배우

명배우란 말은 있어도 '명배역'이란 말은 없다.
그대는
훌륭한 배우가 되는 것과
배역에서 부귀영화를 누리고 안락을 누리는 것 중에서
어느 것을 원하는가?

배우는 다양한 역할을 맡아보기를 원한다.
그 안에서 자신의 창조력을 발휘하기를 원한다.

자, 이제 눈치 채었는가?
그대는 인생이라는 배역을 맡은 배우이다.
명배우가 될 것인지 단역으로 그칠지는 온전히 그대의 몫이다.

그대는 여전히 불만을 가지고 있다.
"명배우가 화려한 인생을 사는 배역을 맡을 수도 있지 않을까요?"
하고 말이다.
물론 그럴 수도 있다.
하지만 그대가 명심해야 할 것이 있다.
좋은 배역은 좋은 배우에게만 주어진다.

혹 그대가 아직 엑스트라라 할지라도

혹은 단역이나 조연에 머물러 있다 할지라도
그대는 주인공이 되어야 한다.
말없이 쓰러지는 엑스트라라면
그 쓰러지는 연기에 혼신을 다 해야 한다.
한 마디, 별 의미도 없는 대사를 맡은 단역이라 할지라도
그 한 마디에 영혼을 불살라야 한다.

이제 그대에게 멋있는 배역이 주어질 것이다.
그대는 이제 주인공으로 거듭날 준비를 마쳤다.

그대가 존재의 향기를 가득 뿜어낼 연극의 이름은 바로
그대의 삶이다.
삶이라는 연극의 주연이 되어 살아라.
그대의 삶에 주인이 되어라.

이제 그대는 진정한 '명배우'가 되었다.

감독 겸 배우

기억하라.
그대는 감독 겸 배우이며

또한 창조주이면서 피조물이다.

대본을 펼치고

훌륭한 배우는 배역을 맡게 되면 먼저
자신이 맡게 될 극중 인물의 성격을 철저히 분석한다.
이전에 자신이 맡았던 배역과 혼동하면 안 된다.
자신의 원래 성격이 섞여서도 안 된다.
오로지 대본 속의 인물에 열중해야 하는 것이다.

극중 인물의 경향성은 그대의 '업(業)'이다.
업은 그대를 단죄하기 위해서 존재하는 것이 아니다.
업은 그대가 맡은 바 역할을 훌륭히 해내기 위해서
그대에게 꼭 필요한 도구이다.

그대는 업이라는 도구를 통하여
그대가 연기해야 할 성격을 표현할 수 있는 것이다.

명배우는 연극이 바뀔 때마다 그 배역에 완전히 빠져 버린다.
단지 얼굴만 번지르르한 배우는
배역에 대한 연구보다는

자신이 얼마나 아름답게 비칠지에만 관심을 가진다.

그대는 그대의 삶을 어떻게 연기하고 싶은가?
단지 세상에서 규정한 행복으로 치장하고 싶은가
아니면 진정 그대의 혼을 불태워
그대의 삶을 백억 룩스의 광채로 빛나게 하고 싶은가?

맡겨진 배역에 온갖 노력을 다한 배우는
나날이 연기력이 늘어 간다.
맡겨진 배역에 온갖 노력을 다하고 있는 그대에게
이제 비할 데 없는 즐거움이 주어질 것이다.

무대장치

그대의 지난 연극에서 필요했던 무대장치가 있다.

그대의 삶에서 그대가 처했던 환경
인간관계, 심리적 상황, 감정적 상황 등등.
이러한 것들이 그대의 '삶'이라는 연극에서 필요했던 무대장치다.
감정적 상황이라는 무대장치에는
심각한 아픔이나 슬픔으로 느껴질 만한 것도 있다.

하지만 새로운 연극을 하기 위해서는
지난 연극에서의 무대장치는 철거해야만 한다.
무대장치를 철거하여도 그대가 했던 연극의 의미와 열매는
고스란히 그대에게 있다.
정작 그대는 그 의미와 열매는 외면하면서
그 무대장치에 집착하고 있지는 않은가?

그대의 아픔은 실체가 아니다.
그대의 슬픔은 실체가 아니다.
다만 연극을 빛나게 하려고 썼던 무대장치에 불과한 것이다.

어쩌면 그대는 무대장치의 아름다움에 빠져 있을 수도 있다.
아름다운 무대장치 역시 철거해야 한다.
버려두고 가야 한다.
그대에게는 더 큰 아름다움이 기다리고 있다.
하지만 그대가 그 무대장치에 머문다면
그대의 영혼은 나날이 쇠약해지고 말 것이다.

강을 건넜으면 배는 버려두고 가야 한다.
구멍이 뚫린 배든 초호화 유람선이든
배를 들고 갈 수는 없다.
그대는 몇 걸음 안 가서 지치고 말 것이다.

그대의 무대장치는 지금 어떠한가?

시나리오

먼저 그대의 삶에서 가장 중요한 역할을 했던 사람들을 찾아보라.
부모, 형제자매, 배우자, 자녀, 친구들은 기본적으로 포함된다.
다음, 그들이 어떤 역할이었는지를 알아내어라.
그리고 그 역할이 그대에게
어떤 삶의 방식을 요구했는지를 살펴보아라.

그대 삶의 시나리오가 한눈에 들어올 것이다.
그대는 그대의 삶이 그대에게 무엇을 전해 주려 하는지를
알게 될 것이다.
그리고 이제는 그대가 성장하기 위해 어떻게 해야 하는지도
알게 될 것이다.

그대를 가장 아프게 했던 사람
그대를 가장 힘들게 했던 사람
그대를 가장 아름답게 보아주었던 사람
그대를 가장 가치 없게 바라보던 사람
그대를 최고의 가치로 바라보던 사람

이들은 모두 그대 인생의 중요한 조연들이다.

그대를 진리로 이끌어 준 사람
그대를 배신하고 그대를 떠난 사람
그대의 재산과 명예를 짓밟고 가버린 사람
이들 역시 그대 인생의 중요한 주연급 조연들이다.

이제 시나리오가 보일 것이다.
이제 그대는
그들에 대한 원망보다는 시나리오의 치밀함에 감탄하게 될 것이다.

간혹 시나리오가 수정되기도 한다.
그것은 생각보다 그대의 연기력이 빨리 늘거나
또는 그대가 많은 경험 속에서 깨달아야 할 것을
경험의 밀도 속에서 미리 깨달아 버렸을 때이다.

이제 그대의 남은 시나리오는 그대가 써 보라.
그대에게 '사랑'이라는 이름의 펜이 쥐어져 있다.

두 개의 연극

본질은 언제나 평등하지만
역할은 언제나 불평등하다.

역할은 누군가로부터 그대에게 주어진 것이 아니다.
그대가 원한 것이다.
그대는 이 말에 분노할 수도 있다.
그렇지만 이 진실은 변하지 않는다.

그대의 손가락이 그대의 심장 역할을 할 수 없듯이
그대의 심장 역시 그대의 손가락 역할을 할 수 없다.

더 중요하고 덜 중요한 배역은 분명히 있다.
하지만 그 아름다움에는 차이가 없다.
연극은 그 모든 것의 총합이다.
너무나 아름다운 주연이 있다고 해서
그 주연만을 비춰 주는 영화나 드라마는 있을 수 없다.
있다고 한다면 누구에게나 외면당하고 말 것이다.
우주는 가치 없는 것을 허용하지 않는다.
물론 가치 없다는 것을 깨닫게 하려는 목적이라면
가능할 수도 있다.

그대는 세상의 연극에서 단역일 수도 엑스트라일 수도 있다.

하지만 꼭 알아두어야 할 것이 있다.

그대는 '세상'이라는 연극과

'그대의 삶'이라는 독자적인 연극에 동시에 출연하고 있다.

그대가 '세상'이라는 연극에서 단역으로 불릴지라도

그보다 멋진 '그대의 삶'이라는 연극에서는 언제나 주연이다.

그대는 '세상'이라는 연극만을 가치 있게 보아 왔는지도 모른다.

하지만 그대 자신의 연극이야말로

말로 다할 수 없을 만큼의 가치가 있는 것이다.

그것은 절대의 아름다움이며

생명의 영원함이며

무한의 자유로 빛나는 우주의 신비다.

자, 그대의 불만은 어떻게 되었는가?

그대는 그대의 가장 중요한 배역은 알지도 못한 채

세상의 배역에만 관심을 가지고 있지는 않은가?

불평등이라고 그대에게 했던 말은

가치의 높고 낮음을 말했던 것이 아니다.

단지 같지 않게 보인다는 말이다.

그대의 연극은 언제나 아름답다.

그대의 영혼이 펼치는 연극은 아름다움과 사랑으로 가득 차 있다.

이것이야말로 절대 평등의 가치이다.
어떤 연극도
다른 어떤 연극보다 더 가치 있거나 덜 가치 있는 것은 없다.

이중 선택

하나의 선택 이면에 또 다른 의미의 선택이 있다.

그대는 생의 어느 순간을 어리석게 살았다.
그 어리석음으로 인하여 그대는 심각한 아픔을 겪어야 했다.
그대는 다시는 어리석게 살지 않겠다고 다짐한다.

하지만 그 어리석음으로 인한 아픔은 단지 아픔만이 아니며
그대의 어리석음을 성찰하기 위한 과정만도 아니었다.

그대는 어리석었어야 했다.
그대가 만일 어리석지 못했다면
그대는 아픔을 겪지 않았을 것이지만
또한 그 아픔으로 인하여 만날 수 있었던 성찰 역시
만날 수 없었을 것이며
아픔으로 인하여 만날 수 있었던 인연 역시

만날 수 없었을 것이다.

그대는 어리석음을 선택했던 것이 아니다.
그대는 단지 어리석음이라는 도구를 통하여
또 다른 선택을 했던 것이다.

그대의 삶에서 진정한 어리석음이란 없다.
어리석음은 단지 도구일 뿐이다.
과거의 어리석음을 가지고 눈물 흘리지 마라.
그대는 그 속에서 이중의 선택을 했던 것이다.
그대는 지금
그대가 어리석지 않았다면 만날 수 없었던
즐거움을 맛보고 있는 것이다.

그대의 연극에 창조주를 초대하라

그대의 연극에 창조주를 초대하라.
창조주는 자신의 연극에 그대를 기꺼이 초청하였다.
이제 그대가 그대의 연극에 창조주를 초대할 때다.
그대가 숨 쉬는 것
그대가 느끼는 것

그대가 말하는 것
그대가 행하는 것
이 모든 것이 창조주의 숨결과 함께 하도록 하라.

그대의 숨이 생명으로 가득 찰 것이며
그대의 느낌이 우주를 관통할 것이며
그대의 말이 우주로 퍼져 나갈 것이며
그대의 행위가 우주를 감동시킬 것이다.

언제 어디서나 창조주와 함께 하라.
그대가 상상도 못 했던 축복이 밀려온다.
그대가 꿈꾸었던 모든 것이 현실로 다가온다.

늘 그대의 중심에 창조주가 함께 있음을 의식하라.

춘향이 NG 내다

춘향이가 대사를 까먹었다.
포졸7을 불렀다.
"얘, 아무래도 대사를 까먹은 것 같은데 너 혹시 내 대사 아니?"

그대는 주연이다.
대사를 까먹고서 겨우 엑스트라를 면한 포졸7에게 가서
대사를 물어보면 어떡하겠단 말인가?

애드리브(ad lib)라도 해야 한다.
대사가 나오지 않으면 액션(action)이라도 해야 한다.
그대의 삶에는 NG가 없다.
NG는 그대로 그대 삶의 일부가 되어 버린다.

훌륭한 조언자에게 가서
삶의 앞날을 물어보는 것을 탓하고 싶은 마음은 없다.
그것은 그 나름대로의 가치가 있다.
하지만 명심하라.
아무리 훌륭한 조언자라 할지라도
그대의 춘향전에서는 포졸7에 불과하다는 것을…

선택

그대의 삶은 어디까지나 그대의 선택이다.
하지만 오해하지 말아야 할 것이 있다.
그대가 삶의 어떤 상황을 선택한 것은 아니다.

상황은 바뀔 수도 있다.
그대가 선택한 것은 상황이 아니라
그 상황에서 그대가 느껴야 하는 사랑과 즐거움이다.

"난 이런 상황을 원하지 않았어."
옳은 말이다.
하지만 그 상황에서 그대가 깨우칠 수 있는 사랑을 선택한 것은
다름 아닌 그대이다.

그대의 오감은 상황을 바라본다.
그대의 영혼은 그대의 선택을 바라본다.
그리하여 그대의 인생은 오감과 영혼의 합작품인 것이다.

또 다른 연극

그대를 기쁘게 하고
슬프게 하고
화나게 했던
그 사람은 누구인가?
끝내 절망마저 허락하지 않던 그 사람은 누구인가?

바로 그 사람이
그대의 삶에서 가장 소중한 사람이다.
그대를 단련시켜 왔다고 말하고 싶지는 않다.
하지만 그 사람을 통하여 그대 내면의 무언가가 성장해 왔다.

이제 그 사람은 그대를 떠날지도 모른다.
그 사람은 그대의 아름다운 연극을 위하여
기꺼이 그대의 무대에 함께 해준 사람이다.
이제 그 사람의 역할은 끝났다.

하지만 또 다른 연극에서
낯선 모습으로 그 사람을 다시 만나게 될 것이다.

엔딩 크레딧

영화가 끝나고 나면
영화에 참여한 모든 사람들의 이름이 줄지어 올라간다.
바로 엔딩 크레딧(ending credit)이다.
어떤 영화든 가장 감동이 깊은 순간이다.
내용은 달라도 감동을 느끼는 순간은 같다.
영화의 클라이맥스보다 더 감동을 주는 순간인 것이다.

그대 삶의 엔딩은 언제인가?
그대가 죽음을 맞이하는 그때!
가장 감동이 깊어야 할 그 순간
그대를 둘러싼 친구들은 그대의 마지막을 달가워하지 않는다.
언제나 그랬던 것처럼
섣부른 슬픔으로 그대의 마지막을 방해하기 일쑤다.

엔딩 크레딧이 올라가는 순간
성급하게 켜지는 영화관의 조명과
쫓기듯이 왈칵 몸을 일으키는 수많은 관객들이
그대의 감동을 방해한 적은 없는가?
마지막 감동을 방해받은 영화는 맛이 반으로 떨어진다.

그대의 삶은 아름다웠다.
아무에게도 그 그윽한 즐김을 방해받지 않을 자격이 있다.
이 말을 죽음을 예찬하는 말로 듣지는 마라.
나는 그대라는 존재를 예찬하고 있으며
그대의 한 연극이 끝났을 때
그대의 감동을 존중하자는 말을 하고 있는 것이다.

꽃은 누구에게
허락받고 피는 것이 아니다

하루

하루만 더 살 수 있다면
빗방울에 비치는 세상을 볼 수 있겠소
하루만 더 살 수 있다면
꽃잎의 진실을 알 수 있겠소

마지막 그 하루를 살지 못하여
등성이 넘는 구름은 슬프기만 하고
꿈인 듯 잊고 산 세월마저
어둠을 핑계 삼아 떠오르오.

오늘이면 되겠소.

눈도 오늘이라야 하오.

지금이면 좋겠소.

봄날도 지금, 소나기도 지금

그렇소. 내겐 오늘뿐이오.

열망하여 바라본 그날은 오직 오늘이었소.

미친 듯 뛰어온 시간이

그대 앞에서 멈추었소.

정지된 시간을 알아버린 순간

세상은 새롭게 열리었소.

아름다이 볼 것이 있다는 것으로

하루는 이제 족하오.

더 살 수 있는 하루 따위

사실은 기대하지도 않았소.

언제나 지금뿐이오.

내가 그대를 사랑할 수 있는 시간

하루가 그대 눈 속에서

한없이, 한없이 늘어나오.

처음 하늘이 주신 비밀을

이제야 눈치 챈 듯하오.

기뻐하라

기뻐하라.
기쁜 일이 생길 것이니
웃어라.
웃을 일이 생길 것이니

그대는 여태 거꾸로 해왔다.
기쁜 일이 생겨야 기뻐할 수 있다고 생각했다.
웃을 일이 생겨야 웃을 수 있다고 생각했다.
이제 바꾸어라.
그대라는 존재는 모든 상황과 환경에 우선한다.

그대가 이끌어라.
이끌리지 마라.
그대의 감정, 그대의 이성, 그대의 삶, 그대의 기쁨, 그대의 즐거움을
지금 그대가 서 있는 곳에서 이끌어라.
이것이 그대가 삶의 주인이 되는 길이다.

축복

전선에 전기가 흐르고 있을 때
그 가운데에 달려 있는 전구를 기술용어로 '저항'이라고 한다.
아무 방해 없이 잘 흘러가고 있던 전기의 입장에서 보면
길을 가로막고 한 푼 달라고 말하는 전구는 엄청난 저항인 것이다.

그대의 번뇌는 극복해야만 할 무엇이 아니다.
번뇌는 축복이다.

길을 가로막은 전구가 있어 환하게 빛을 발하듯이
그대의 인생을 가로막은 번뇌가 있어
그대를 깨달음으로 인도하는 것이다.

그대는 인생의 저항을 미리미리 설정해 놓았다.
그대가 혹시 못 깨달을까 염려스러웠던
그대 안의 창조주가
곳곳에 번뇌를 심어놓고
그대가 곧 창조주이며
사랑이며 자유이며 생명이며 꽃이며 구름이며 바람이며
파도이며 눈물이며 웃음이며 존재이며
기쁨이며 즐거움이라는 것을
알게 되기를 간절히 원했던 것이다.

사랑을 사랑답게
생명을 생명답게

사랑은

사랑은 반대급부가 아니다.
사랑은 여기 있고 저기 없는 것이 아니다.
사랑은 조건하에 있고 사라지는 것이 아니다.

사랑은 가지려고 발버둥치는 속에서 찾을 수 없다.
그것은 언제나 내게 그리고 이곳에서 어김없이 빛나고 있다.

사랑은 반짝하고 사라지는 것이 아니다.
반짝이는 것은 주우면 이미 돌덩이지만 사랑은 언제나 빛나고 있다.

사랑은 환상이 아니다.
내게 없고 저 멀리서
특별한 어떤 이에 의해 어떤 환경하에 만들어지는 생산품이 아니다.

사랑은 그대 숨결 속에 늘 그 자리에
그대가 찾아주기를 오히려 기다리는 애타는 그리움이다.

사랑은 말없이 기다리지만
모든 곳에 모두의 속에 있어 쉽게도, 쉽게도 보이지만
쉽게 보이므로 진실로 어려운 문제인 것이다.

사랑은 마력이 아니다.
사랑은 힘이 없어 그 힘이 진실하고 영원하다.

그 시작이 없어 끝이 보이지 않는다.
그러므로 만든 이가 없어 파괴될 리 없으며
이유로 탄생되지 않으므로 저당 잡히지 않는다.

나는 나를 사랑한다

나는 나를 사랑할 뿐이다.
나는 나 아닌 것을 사랑할 수 없다.
나는 나를 사랑하도록 창조되었다.

그대 역시 그대를 사랑할 뿐이다.
그대는 그대 아닌 것을 사랑할 수 없다.
그대는 그대를 사랑하도록 창조되었다.

나는 나에게 그대는 그대에게
결국 하나의 '나'일 뿐이다.
그렇다. 이것이 우주의 비밀이다.

단지 그대에게서 '나'라는 것이 무엇인가 하는
관점과 차원이 바뀔 뿐이다.

그대의 몸 하나가 그대일 수도 있고
그대의 생각과 마음까지 그대일 수도 있으며
그대의 가족이나 동료, 친구까지가 그대일 수도 있으며
그대의 민족, 국가, 그리고 전 지구인이 그대일 수도 있다.
하지만 그대는 깨달아야 한다.
그대가 사랑할 수밖에 없는 그대, 곧 '나'는 모든 것이다.
그래서 나는 나를 사랑할 수밖에 없으며
그대 역시 '나'를 사랑할 수밖에 없는 것이다.

이루어질 수 없는 사랑

'이루어질 수 없는 사랑'이 없었다면
그 많은 영화도 연극도 예술도 없었을 것이다.
하지만 그대의 '이루어질 수 없는 사랑'은

허구에 불과한 것이다.
사랑은 언제나 이루어져 있다.
이루어지지 않은 것은 관계나 계약일 뿐이다.

그대가 진실로 사랑을 찾았다면
그대가 진실로 사랑 안에 있다면
그 사랑은 이미 이루어진 것이다.
어떤 우주도 그 사랑에 대해 이의를 제기하지 않는다.

하지만 그대는 사랑을 소유하려 한다.
그리하여 사랑을 계약이나 관계로 묶어두려 한다.
바람을 붙잡아 보라.
이미 그것은 바람이 아니지 않은가?

이제 이 세상의 이루어질 수 없는 사랑은 모두 사라졌다.
사랑은 언제나 완성되어 있다.
그러나 그 사랑은 그대가 그대의 에고를 가지고서는
볼 수도 들을 수도 만질 수도 없는 곳에 있다.
그대 눈에 보이지 않는다고 해서 없는 것이 아니다.

지금
그대의 사랑은 어디에 있는가?

뱃속의 아이는 어쩔 건가

모질게 스스로 목숨을 끊으려던 여인이 있었다.
하지만 뱃속에 새로운 생명을 잉태하고 있다는 것을 알고서
눈물을 흘리며 삶에 대한 새로운 각오를 다졌다.

그대에게 묻는다.
그대 가슴속의 사랑은 어찌할 건가?
꽃피워 보지도 못한 사랑은 어찌할 건가?
소유와 집착 따위로는 흉내조차 낼 수 없는
그대의 사랑을 어찌할 건가 말이다!

이별이 무서운 사람

이별이 무서운 그대여…
사랑이 만남과 이별의 공식으로 이루어져 있다고 생각하는 한
그대의 사랑은 존재의 차원으로 가지 못한다.
그대의 왼손과 오른손이 마주쳤다고 해서
만났다는 표현을 쓰지는 않는다.

그대가 겉모습에 마음을 빼앗기는 한

사랑은 그대에게 자신의 아름다움을 다 보여 주지 않는다.
그대가 그대 아닌 누군가를 사랑하기란 불가능하기에
그대가 그대 아닌 누군가와 만나거나 헤어지는 일은 있을 수 없다.
모든 것은 그대 안에서 일어난다.

이것은 그대를 억압하기 위한 규칙이 아니다.
다만 그대의 즐거움을 귀히 여기는 까닭이다.
이별이 무섭지 않을 때
그대의 사랑은 진실을 보게 된다.

이별 따위 원래 있지도 않았다는 것을 알고서
그대가 흘려야 할 눈물을 상상해 본다.

사랑의 진화

아주 옛날
언어가 없던 시절에
남자와 여자는
그저 눈빛으로 통하였다.
몇 마디 탄성과 웃음이면 족하였다.
마음이 통하면 마음을 나누었고

사랑을 느끼면 사랑을 나누었다.
그러다 또 다른 대상과 눈빛을 나누기도 하였다.
그것을 이상하게 받아들이는 사람은 없었다.

언어가 생기고 나서
자신과 사랑을 나누었던 사람이
다른 사람과 사랑을 나누는 것에 대해서
뭐라고 한 마디쯤 했을 법도 하다.
하지만 그뿐이다.

문자가 생기고 나니
계약이 생겼다.
이제 사랑은 계약이 되었다.
누군가의 아내이거나
누군가의 남편이거나
누군가의 어머니이거나
누군가의 아버지가 되었다.
지아비나 지어미를 두고
다른 사람을 사랑하는 것은 용서받지 못할 행위였다.

전화가 생겼다.
보지 않고도 사랑을 속삭일 수 있게 되었다.
물론 그 옛날 말없이 건네던

편지의 풍류에는 못 미치지만

좀 더 상대를 실감나게 느끼기에는 더할 나위 없다.

하지만 붙박이 전화는

사람을 가리지 않는다.

사랑을 속삭이고 싶은 사람이 전화를 받는다는 보장이 없는 것이다.

이동 전화가 생겼다.

한 사람에 하나씩…

전화를 거는 것은 특정 대상에게 거는 것이다.

다른 사람이 받는다는 것은 있을 수 없는 일이다.

만약 그런 일이 있다면 그건 일종의 사고나 퍼포먼스에 속한다.

게다가 전화를 거는 사람의 정보를 미리 알려준다.

받든 안 받든 자유다.

심지어 번호를 바꾸고 자취를 감추는 방법도 있다.

무수히 사랑을 속삭인다.

지어미든 아니든 지아비든 아니든 가리지 않는다.

어디까지가 계약위반인지 따지는 것은 어려운 일이다.

웬만해선 그들을 막을 수가 없다.

몸을 떠났다.

영혼이 몸을 다 쓰고 다시 자신의 세계로 돌아갔다.

느낌으로 통한다.

텔레파시로 대화한다.

좋아하거나 싫어하거나
숨길 수가 없다.
좋아하다 싫어지거나
그러다 또 다른 누군가가 좋아지거나
아무도 막을 수 없다.
물론 영혼은 몸을 가지고 있을 때와는 다른 상태다.
육체에서 비롯된 자기 보호 본능이나
종족 보존의 본능 따위는 그다지 없다.
어차피 속이는 것이 불가능하므로
처음부터 좀 더 진실한 사랑을 하게 되는 것이다.

어느 누구도
어떤 존재도
사랑에 대해서
따지거나 계약을 들먹이지 않는다.
모든 것은 지극히 당연한 일일 뿐이다.

어찌된 일인가?
그대의 사랑은 진화될수록
원시시대의 사랑을 닮아가고 있다.

사랑은 계약이 아니다.
가장 순수한 감정의 시작이며

가장 숭고한, 존재의 내면이다.

그늘

그늘이 있다는 것은
태양이 비치고 있다는 증거다.
그늘의 고독에 빠져
그늘의 의미를 놓쳐서는 안 된다.

가장 짙은 어둠을 만났을 때
가장 밝은 빛이 그대와 함께 하고 있음을 기억하라.
가장 큰 고독을 만났을 때
가장 빛나는 사랑과 만나고 있음을 기억하라.

폭포

우주는 폭포처럼 사랑을 쏟아내고 있다.
떨어지는 물들은 고정된 형체가 없다.
단지 끊임없이 쏟아질 뿐이다.

그대는 여태 동그란 잔을 들고서 세모난 물을 바라고 또 바랐다.
그대는 여태 세모난 잔을 들고서 동그란 물을 바라고 또 바랐다.
그대가 원하는 것이 세모라면
먼저 그대의 잔을 세모로 바꾸어라.
그대가 원하는 것이 동그란 것이라면
먼저 그대의 잔을 동그란 것으로 바꾸어라.

행복을 원하면 행복의 잔을,
사랑을 원하면 사랑의 잔을,
축복을 원하면 축복의 잔을,
건강을 원하면 건강의 잔을,
들어라, 건배!!

사랑은 실천이다

어느 새벽
한참 깊은 잠을 자다가 벌떡 일어나
온 동네가 떠나갈 정도의 큰 목소리로 소리를 질렀다.

"사랑은 실천이다."
사랑이 실천임을 모르는 사람은 없다.

하지만 많은 사람들은 잊고 지낸다.
아무리 좋은 말이라도
아무리 좋은 사상이라도
아무리 좋은 깨달음이라도
표현되지 않는 사랑은
적어도 우리가 사는 3차원에서는
아무런 도움도 되지 못한다.
그대가 그대의 말과 미소와 행동으로 사랑을 실천하지 않는다면
천상의 사랑은 이 땅에서
모래알 하나 들어 올릴 수 없다.
오로지 그대를 통해서 표현된다.
오로지 그대를 통해서 실천하게 한다.
이것이 창조주의 사랑이다.

사랑의 거리

책을 눈앞에 바짝 붙여 놓고 읽을 수 있는가?
음악을 귀 옆에 바짝 붙여 놓고 들을 수 있는가?
코를 바짝 붙여 놓고 거울을 볼 수 있는가?

있을 수 없는 일이며

시도하지도 않는 일이다.

책을 읽기 위해서도, 음악을 들을 때도, 거울을 바라볼 때도
그대에게는 거리(距離)가 필요하다.
그와 같이 사랑을 하는 데도 거리가 필요한 것이다.

밀착되어 있는 상태가 좋은 것 같지만
그것은 단지 의존적 관계일 뿐이다.
의존과 사랑을 혼동하지 마라.

그대는 그대가 사랑하는 사람에게서
무엇이든 얻을 수도 있고 받을 수도 있다.
하지만 그렇다고 해서 의존해도 된다는 것은 아니다.
물고기 잡는 법을 가르치라는 잠언은 그래서 나온 것이다.
수단을 줄 것이 아니라
수단을 얻을 수 있는 방법을 가르치라는 말만은 아닌 것이다.

그대의 왼팔과 오른팔은 의존적 관계가 아니다.
단지 한 몸일 뿐이다.
그와 같이 창조주와 그대 역시 한 몸일 뿐이다.

창조주가 바라본다

창조주(The Creation)는 그대를 평가하지 않는다.
그대는 창조주를 평가하려 한다.
온갖 수식어와 미사여구를 붙이려 한다.

그대는 '조건화'를 좋아한다.
'조건 없는'을 대단히 싫어한다.
창조주는 그대를 바라보며 아무런 조건도 걸지 않는다.

창조주의 방식
그대의 방식
무엇이 다른가?

위로

누군가 아파한다.
감당 못할 슬픔을 안고 바람 앞의 촛불처럼 흔들린다.
"괜찮아, 다 잘 될 거야. 힘내."
훌륭한 위로다.
그대의 따뜻한 위로가 새로이 촛불을 밝히고

그대의 티 없는 미소가 수렁에 빠진 이에게 손을 내민다.

하지만 슬픔이 반복된다.
다시 켜진 촛불마저 위태롭게 꺼져 간다.
"괜찮아, 다 잘 될 거야. 힘내."
왠지 그대의 위로가 별 도움이 되지 못한다.
되풀이되는 고난 앞에서 그대의 위로마저 빛이 바래어져 간다.

어떻게 위로해야 할까.
힘겨워하는 사람의 상황에 대하여 말하지 마라.
상황을 바라보는 그대의 시선이
자칫 그 사람의 주인됨을 방해할 수도 있다.
단지 존재의 가치를 들여다보라.
존재의 기쁨과 아름다움에 대해서 말하라.
훌륭한 선택이었으며 그 선택의 주인이었음을 말해 주어라.

이제 그대의 위로가 썩 마음에 든다.

쉬운 일

미워하기는 쉽다.

규정짓고 단죄하기는 너무나 쉽다.
하지만 사랑하기는 어렵다.
편견과 무지와 어리석음으로 가득 찬 누군가를
사랑으로 바라보기는 참으로 어렵다.

하지만 다시 생각해보라.

사랑하는 것이야말로 가장 쉬운 일이다.
그대가 누군가를 미워하고 단죄하는 건 너무나 어려운 일이다.
어려움을 지나 고통스러운 일이다.
그대는 알고 있다.
그런 것이 그대가 원하는 일이 아님을 너무나 잘 알고 있다.
그래서 그대는 고통스러운 것이다.
그대가 정말 원하는 일과
그대가 감정의 관성에 취해 행하는 일이
일치되지 않을 때 그대는 고통스럽다.

그리하여…
그대는 사랑하는 일이 가장 쉬운 일이라는 것을
다시 한 번 깨달아야 한다.
가장 쉬운 일…

이유를 찾는 것은 종말을 꿈꾸는 것이다

그대는 뭔가 이유를 찾아야만 한다.
그대는 그대의 사랑이 이유가 없다는 것을 인정하지 못한다.
그대는 그대의 기쁨이 이유가 없다는 것을 인정하지 못한다.
그대는 그대의 즐거움이 이유가 없다는 것을 받아들이지 못한다.
하지만 이유 있는 모든 것은 그 이유가 사라질 때 함께 사라진다.
그대는 사랑의 이유를
기쁨의 이유를
즐거움의 이유를 찾으며
동시에 그 모든 것의 종말을 꿈꾸고 있는 것이다.

이유가 없다는 것은
스스로 이유가 되기 때문이다.

그대여…
이유를 찾으려다 오히려 종말을 맞이하는 어리석음을 따르지 마라.

사랑은 있을 때 소중함을 아는 것

사랑은 있을 때 소중함을 아는 것이다.

사라지고 나서야 소중함을 아는 것은
그리움은 될 수 있을지언정 사랑은 못 된다.
없어지고 나서 그 있음을 그리워하는 것은
상실에서 오는 아픔 속에서
그 존재 가치를 알게 되는 것이다.
바로 검은 도화지에 흰 물감을 칠해 놓으면
눈에 더 잘 띄는 것과 같은 이치다.

하지만 흰 도화지에 흰 물감을 칠해 놓으면 어떻게 될까?
잘 보이지 않는다.
그대는 대비될 수 있는 무언가가 있어야만
그 소중함을 발견할 수 있다.
무엇과 대비되어서가 아니라
대비되지 않는 상황,
흰 도화지에 흰 물감 같은 상황일 때에도
그 소중함을 아는 것.
그것이 바로 사랑이다.

그대의 주위를 둘러보라.
사라지고 나면 모두가 그리워질 것들이다.
못 견디게 사랑하라.
그대를 둘러싼 모든 것을 사무치게 사랑하라.
사라지기 전에…

위대한 無의 세계로 가버리기 전에…
그토록 소중한 가치 속에 그대가 있음을 자각하라.

사랑 안으로 뛰어들어라

영화 '달마야 놀자'를 보면 한 가지 화두가 나온다.
두 패거리의 싸움을 중재하고자 큰스님이 말한다.
"밑 빠진 독에 물을 가득 채워라."
어떤 방법으로도 물을 가득 채우기는 어렵다. 불가능하다.
다만 아주 빨리 물을 채워 넣으면
잠시 동안 독 안에 물이 고여 있게 할 수는 있다.
하지만 결국 독 안의 물은 다 빠져나가고 만다.
결국 밑 빠진 독은 못 속으로 던져지고 나서야
그 안을 물로 가득 채우게 된다.

사랑을 그대에게 끌어당길 수 있다고 생각하는가?
그럴 수도 있다.
잠시 동안이라면 가능할지도 모른다.
하지만 그대는 한시도 긴장을 늦출 수 없는
피곤한 상태로 있어야만 한다.
그대의 에고가 표현하는 사랑은

얼마 지나지 않아 한계에 부닥친다.
그대가 사랑 안으로 뛰어들어라.
그대가 존재의 향기 안으로 뛰어들어라.

미워하지 않아

미워하지 않는다고 말하는 대신
사랑한다고 말하라.
이 둘은 분명히 다르다.
미워하지 않는다는 말은 미움에서 출발한 것이다.
사랑한다는 말은 사랑에서 출발한 것이다.
출발지는 달라도 도착지는 같다고 말하고 싶은가?
이건 그런 문제가 아니다.
그대가 걷지 않는다고 해서
날 수 있다는 것은 아닌 것과 같다.
그대가 걷지 않는다면
그대는 단지 앉아 있는 것일 수도 있고
심지어 기고 있는지도 모른다.
그대가 난다는 것은 다른 문제다.
날개 달린 독수리가 힘겹게 걷고 있다면
그대는 어떻게 말할 것인가?

걷지 마라고 말할 것인가?
아니면 날아 보라고 말할 것인가?

그대여 사랑한다고 말하라.
그때 그대는 주인이 될 수 있다.

미워하지 않는다고 말할 때
그대는 방관자로 남아 있는 것이다.

아름다운 것을 보면

아름다운 것을 보면 아름답다고 말한다.
그러나 진짜 아름다운 것을 보면 아름답다고 말하지 못한다.

사랑을 만나면 사랑한다고 말한다.
그러나 진짜 사랑을 만나면 사랑한다고 말하지 못한다.

진짜 아름다움은, 진짜 사랑은 언어로 표현되지 않는다.
그대의 언어는 대단히 훌륭한 표현 수단이시만
동시에 대단히 궁색한 수단이기도 하다.
그대의 진짜 느낌은 표현하기 어렵다.

그대가 그 무엇으로도 표현하기 어려운 사랑을 만났을 때
그대는 최고의 사랑을 만난 것이다.

금연(禁煙) - 사랑하라

담배를 끊고 싶은가?
그렇다면 그대가 먼저 해야 할 일이 있다.
담배를 사랑하라.
증오에 가득 찬 시선으로 담배를 바라보지 마라.
"너 때문에 나는 너무나 많은 것을 잃었다.
이제 너로 인하여 잃어버린 것들을 다시 찾고 싶다."
이렇게 비장한 각오를 다지며 핏발 선 눈으로 담배를 대하지 마라.

그대가 외로울 때
그대가 빗속에서 남몰래 눈물 흘릴 때
그대가 사랑하던 연인에게 이별을 선고받았을 때
담배는 그대의 벗이었다.

담배는 그대 청춘의 대상 없는 전투에 함께 참여했던
전우가 아닌가!
담배는 제 온몸을 불살라 그대의 한숨으로 산화하였다.

그대는 그만한 벗을 알고 있는가?
이제 입장이 바뀌었다고 해서 그렇게 매몰차게 밀어내는가?

온갖 유해 물질로 가득 찬 인류의 적이라고 단정하지 마라.
그대가 그렇게 단정하는 순간 그대가 여태 피워온 담배는 하나같이
그대에게 최악의 존재로 변해 버린다.

그대의 현재는 그대의 과거까지도 변하게 만드는 힘이 있다.
그대의 과거는 사실 그대의 현재에 겹쳐져 있기 때문이다.

담배뿐이겠는가?
그대여, 그대의 과거를 단죄하지 마라.
뻔뻔스럽게 과거의 잘못을 모른 체하거나
섣부른 사랑으로 위장하라는 말이 아니다.
성찰하는 것과 단죄하는 것은 다르다.
그대가 그대의 과거에 칼을 들이댄다면
그대는 필시 모든 사람들의 과거에 칼을 들이대려 할 것이다.

그대가 과거를 잊고 새롭게 시작하고 싶다면
그대는 그대의 과거를 사랑해야만 한다.
그대가 담배를 잊고 새롭게 시작하고 싶다면
담배에 대한 저주와 증오를 멈추고
담배와 함께했던 즐거운 추억을 떠올려라.

점점 끊기가 어려워지는 것 아니냐고 말하고 싶겠지만
사실은 그렇지 않다.

그대는 사랑할 때만 자유 의지를 가진다.
그대가 미워하는 동안 그대에게 자유 의지는 없다.
우주는 사랑할 수 있는 존재에게만
경영에 참여할 수 있는 기회를 준다.

사랑하여라.
헤어지든 만나든 그것은 중요하지 않다.
먼저 사랑하여라.
그대의 만남도 사랑이 될 것이며
그대의 헤어짐도 사랑이 될 것이다.

그 사람은 이제 곁에 없다

그대가 사랑하는 그 사람은 이제 그대 곁에 없다.
그대와 함께 눈물을 나누고 기쁨을 나누던 그 사람은 이제 없다.
그대는 두 번 다시 그 사람을 만날 수 없다.

그대가 보았던 그 사람은 그때가 마지막이었다.

지금 그대가 보고 있는 사람은 이미 그 사람이 아니다.
그대의 머릿속에 존재하는 관성의 법칙이
마치 그 사람처럼 보이게 하겠지만
더 이상 그 사람이 아니다.

그대가 우주의 어느 한 점에 그대만의 표시를 해놓는다고 해서
다시 본 그 점이 처음의 그 점일 수 있을까?
불가능하다.
모든 것은 변한다.
그대가 아무리 사랑을 들먹여도 그대가 다시 본 그 사람은
예전의 그 사람이 아니다.
그 사람을 다시 보고 있는 그대 역시 예전의 그대가 아니다.
그러나 사람들은
이미 존재하지도 않는 과거의 기억을 서로에게 투영해 놓고
미워하고 단죄하고 집착한다.
도대체 무슨 일인가?
처음 보는 사람에게 무슨 실례인가 말이다.

그대가 어제 본 그 사람은 오늘 그 사람이 아니다.
어제의 그대와 오늘의 그대는 다르다.
그리하여 그대가 사랑할 수 있는 시간은
지금 뿐인 것이다.
내일이면 늦다.

내일 그대가 보는 사람은 지금 그 사람이 아닌 것이다.

모순

그대는 알아볼까 두려워하고
아무도 못 알아볼까 두려워한다.
그대의 마음 깊은 곳에서 일어나는 욕망과 집착을
누군가가 알아볼까 두려워한다.
하지만
그대의 성취와 아름다움에 대해서는 아무도 못 알아볼까 두려워한다.

자, 그대의 두려움은 무엇인가?
어느 쪽이든 두려움이 그대를 이끌게 하지 마라.
사랑이 그대를 이끌게 하라.
사랑은 언제나 너와 내가 하나라는 것에서 출발한다.

좀 어떠신지요

그대가 입원을 했다.

많은 사람들이 찾아온다.

그들의 관심은 온통 그대의 병에 쏠려 있다.

그대에게 관심을 가지는 사람은 별로 없다.

그들은 오로지 그대의 병을 만나고자 찾아온 것이다.

그대는 그들이 만족할 만한 병세를 보여주어야 할 의무가 있다.

문병 온 사람들에게 병을 보여주지 않으면 실례인 것이다.

최소한 그대는 엄살이라도 떨어야 한다.

사람들은 그대의 병에 대해 많은 이야기를 나눈다.

다양한 처방이 나온다.

기기묘묘한 사례들이 있다.

끊임없이 그대의 병에 대한 관심을 늦추지 않는다.

왜 그들은 그대에게 관심을 가지지 않는 것일까?

그대의 건강을, 그대의 기쁨을, 그대의 안락함을

왜 바라보지 않는 것일까?

빛이 쏟아지면 어둠은 저절로 사라질 것인데

왜 그들은 어둠을 말하고 있는 것일까?

사람들은 아픔에 대해 말하는 것이 그 사람을 위하는 것인 줄 안다.

아픔에 끊임없이 관심을 가져 주는 것이 사랑이라고 생각한다.

세상의 모든 것은 관심을 먹고 크는 것이다.

그대는 무엇을 키우고 싶은가?

아픔이 아니라 사랑에 관심을 가져라.

아픔을 달래는 것이 나쁘다는 말이 아니다.

달래어야 하고 위로해 주어야 한다.

하지만 그때조차도 그대의 관심은 사랑을 향해야 한다.

자칫 아픔을 달래려

그 사람을 불행한 사람으로 인식하는 일은 없어야 한다.

불행을 단죄하려는 사람들은 급기야 그 사람까지 단죄하려 든다.

무서운 일 아닌가?

그대여…

부디 사랑을 보아라.

그대의 위로는 어디까지나 사랑에서 나온 것이어야 한다.

상황이냐, 사랑이냐

그대의 마음이 무겁다.

그대 내면의 아름다움과 의연함을 알기가 너무나 어렵다고 말한다.

어떻게 해야 되는 것이냐고 수없이 질문을 한다.

하지만

그대의 질문은 어느 만큼의 진실을 가지고 있는가?

그대가 놓인 상황이 변하면 그대는 질문을 잊어버린다.
좀 더 많은 부와 행복이 주어지면 그대는 질문을 잊어버린다.
그대 안의 우주를 보려하지 않는 것이다.

그대의 에고는 단지 상황이 변하기만을 기다린다.
그러면서 입으로는 다른 말을 한다.
상황이 변했으면 좋겠다는 말은 솔직한 것이기는 하지만
한 마디로, 속 보이는 말이기에
에고는 좀 더 그럴듯한 말을 하고 싶어 한다.

"깨우치고 싶어요."
"사랑을 알고 싶어요."
"집착을 벗어버린 자유를 누리고 싶어요."
아주 그럴듯한 말들이다.

하지만 그대의 에고는 상황이 변하면
스스로 했던 그럴듯한 말들을 잊어버린다.
그리고 상황이 나빠지면 다시 떠올린다.
그대의 삶은 그렇게 쳇바퀴처럼 돌아가는 것이다.

그대가 상황에서 오는 고통에서 벗어나고 싶다면
상황이 아닌, 상황을 바라보는 눈을 바꾸어야 한다.
모든 것은 그대의 선택이며

그대가 생각하고 있는 그대가
그대의 전부가 아니라는 것을 확인해야 한다.
그리고 무엇보다 중요한 것은
이미 그대가 모든 성찰과 깨달음과 지혜를
갖추고 있다는 것을 믿는 것이다.
그대의 삶에서 일어나는 모든 문제들은
그러함을 확인하기 위한 절차일 뿐이다.

그대가 처음부터 사랑이 아니라면
그대를 사랑으로 만들기는 불가능한 것이다.
그대가 처음부터 아름답지 않은 존재라면
그대를 아름답게 만들기는 불가능한 것이다.

선택하라.
상황이냐, 사랑이냐.

스무 살에 만나

스무 살에 만나 마흔에 결혼한 사람들이 있다.
그들은 단지 친구일 뿐이라고 말하곤 했다.
그러면서 만나고 헤어지고 다시 만나기를 반복했다.

서로 다른 사람을 사랑하기도 했으며
또한 그런 사실을 서로 잘 알고 있었다.
두 사람은 자신이 하고 싶은 일을 하며 오랜 시간을 보냈다.
만난 지 20년이 지나서
함께 있어서 안 될 이유를 찾지 못한 두 사람은
마침내 한 침대를 쓰는 사이가 되었다.

두 사람은 이구동성으로 말한다.
"우리가 일찍 결혼했더라면 분명 벌써 헤어졌을 겁니다."

일찌감치 결혼이라는 제도로 두 사람을 묶어두었더라면
두 사람은 스스로와 서로를 제약하고 간섭하는 것이
너무나 당연한 것이라고 생각했을 것이다.
어쩌면 두 사람은 결혼해서 겪어야 할 모든 일들을
미리 겪어버린 것인지도 모른다.
그러하기에 두 사람의 결합은 누구보다 튼튼하리라고 보는 것이다.

다 버리고 남는 것

다 버려라.
그대가 가졌다고 생각하는 모든 것을 버려라.

버리고, 버리고 또 버려라.
다 버리고 나서도 그대에게 남아 있는 것
그것이 바로 사랑이다.

절대로 버려지지 않는 사랑이 있기에
그대는 모든 것을 새로이 시작할 수가 있는 것이다.

외쳐라

입에서 나오는 것만이 말은 아니다.
그대는 그대의 눈과 손과 온몸을 통하여 말하고 있다.
그대의 세포가 떨린다.
이미 훌륭한 말이다.

"난 아무 말도 하지 않았어요."
귀여운 변명이다.
그대는 이미 많은 말을 하고 있다.
'난 네가 싫어.'
'난 네가 좋아.'
'같이 있으면 좋겠어.'
못 알아듣는 사람이 바보 아닌가?

그대의 입에서 쏟아지는 언어는 왜곡될 수 있다.

그대의 속마음과 다르게 표현될 수 있다.

그러나 그대의 세포가 전율하며 외치는 음성은?

그대는 아무도 속일 수 없다.

때로 그대의 입과 그대의 세포가 하는 말이 다른 것에서

그대는 심각한 고뇌를 겪기도 한다.

언행일치라고 하지만… 그보다

아무것도 숨기거나 속일 필요가 없어지는 때

그대는 그것을 원하고 있는 것 아닐까?

어쩌면 그대는 이미 그렇게 하고 있는지도 모른다.

그대의 온몸으로 외쳐라.

사랑이라고.

지금이 마지막 순간이라고.

두 번 다시 볼 수 없는 지금이며, 너…라고.

자연치유력(상처받았다고 생각하는 영혼을 위하여)

네 삶을 숨 가쁘게 하는 문제가 있어.

어떤 식으로든 해결해야 하지.

전화로 세 시간 동안 친구와 수다를 떨고

자세한 이야기는 만나서 하는 것도 좋아.

하품만 하는 애꿎은 고양이를 데리고 푸념하는 것도 좋겠지.

무료한 정신과 의사에게 일거리를 주는 것도 좋아.

산사의 풍경 소리에 아픔을 맡겨 보는 것도 좋고

봉사의 기쁨 속에서 보람을 찾는 것도 좋겠지.

가장 너를 잘 이해해 줄 사람을 만나서 가슴을 헤쳐 보는 것도 좋아.

어쩌면 소문난 무당에게 찾아가 보는 게 좋을 수도 있어.

자신을 또 다른 방식으로 바라보게 만드는

수많은 프로그램에 참석해 보는 것도 물론…

하지만… 하지만 말이지.

이 모든 것은 약에 불과해.

너의 아픔을 낫게 할 수는 있을지라도

너를 건강하게 할 수는 없어.

너는 '사랑'이라는 자연치유력을 가지고 있어.

하지만 자연치유력은 너의 믿음을 필요로 해.

물과 함께 약을 먹으라고 되어 있지?

자연치유력은 너의 믿음과 함께해야 해.

약은 너의 아픔을 낫게 하는 만큼 너의 자연치유력을 약화시켜.

약의 특정 성분 때문에 그렇다고 말하지만 사실은 그런 게 아니야.

다만 몸과 마음의 시스템이 약에 의존하는 동안

자연치유력을 점점 잊어버리게 되는 거지.

이제 네 안의 위대한 사랑을 꺼내 써봐.

뭔지 모른다고 생각하겠지?

그건, 오래도록 쓰지 않았기 때문에 익숙하지 않은 것뿐이야.

용기를 내도록 해.

세상의 모든 꽃들이 너를 응원할 거야.

이제 넌 더 이상 아플 수 없어.

아무도 널 해치지 못해.

사랑 안에서 빛나는 너를 봐.

사랑은 언제나 너를 기다리고 있었어.

네 모든 걸 치유해 줄 수 있는 사랑이

여태 네 뒷모습에도 지치지 않고

널 기다리고 있었어.

지구라는 별

'지구'라는 별이 있었다.

수많은 영혼들이 몰려와서 위대한 연극을 시작했다.

영혼들은 잠시 자신의 위대함을 잊기로 했다.

영혼들은 잠시 자신의 아름다움을 잊기로 했다.

영혼들은 잠시 자신들이 하나임을 잊기로 했다.

그렇다. 그러기로 했던 것이다.

영혼들은 아름다움을, 위대함을, 하나임을 알기 위해
잠시 '그것 아님'이 되어야 했다.
또한 그러한 연극을 스스로 연출했다는 사실도 잊어야 했다.

연극은 이러한 사실들을 통째로 잊어버리기 좋을 만큼
충분히 길었다.
그렇다. 너무나 길었다.
사람들은 잊어버렸다.
자신의 위대함을, 아름다움을, 하나임을…

이제 우리는 무엇부터 기억해 내야 하는가?
연극이었다는 사실을 먼저 기억해 내야 할까, 아니면
연극 이전에 원래 그러했음을 먼저 기억해 내야 할까.

아니다. 정말 우리가 기억해 내야 할 것은 그런 것이 아니다.
우리는 이 모든 것이 우리의 즐거움을 위한 선택이었다는 것을
먼저 기억해 내어야 한다.

웬만해선 그들을 막을 수 없다

사랑하던 사람들이 영혼이 되어 만났다.
그들을 막을 수 있는 건 아무것도 없다.
하지만 그를 사랑하는 영혼이 한둘이 아니다.
그녀를 사랑하는 영혼이 한둘이 아니다.

바라보는 눈이 달라지면 그 영혼의 색깔도 달라진다.
달라진 색깔의 수만큼 영혼이 나뉜다.
오직 하나의 영혼만 존재했던 우주에
수많은 영혼들이 생겨나는 것이다.

그 어느 옛날, 그대 안에서 그대를 좀 더 아름답게 바라보기 위하여
그대를 남자와 여자로 나누었다.

이제 서로 사랑하는 마음으로 바라보기 위하여
여러 가지 마음들마다
비교할 수 없는 아름다움의 가치마다
하나의 모습이 주어지는 것이다.

영혼은 생겨나는 것이 아니다.
오직 하나의 영혼이 자꾸만 나누어지고 있는 것이다.

영혼의 선택

영혼이 자신의 사랑을 잘 알아보기 위하여 몸과 마음을 선택했다.
영혼은 원래 제약이 없는 곳에 있었다.
하지만 제약이 없는 곳에서는 즐거움을 알아보기도 어렵다.
흰 바탕 위의 흰 점과 같은 것이다.
검은 바탕은 흰 점을 잘 보이게 해준다.
하지만 검은 바탕에 눈을 뺏겨 정작 보아야 할 흰 점을 놓치지 마라.

영혼은 새로운 것을 발견하게 된다.
도구를 쓰지 않을 때는 몰랐던 새로운 즐거움을 발견하는 것이다.
즐거움이라 하면 '쾌락'을 떠올릴지도 모른다.
하지만 쾌락은 단지 즐거움의 껍질일 뿐이다.
껍질을 탐닉하다 정작 알맹이의 즐거움을 놓쳐서는 안 된다.

이것이 영혼의 위대한 선택이다.
수많은 영혼의 위대한 선택이 지구를 낳았다.
기억을 떠올려라.
의무를 가지기 위해 태어난 것이 아니다.
마치 그런 것처럼 보일 수는 있겠지만
의무가 아니라 즐거움인 것이다.
그대 안의 즐거움을 꺼내 써라.
그대는 충분한 자격을 가지고 있다.

그대의 즐거움

그대는 즐거움을 느끼기 위해 존재한다.

그대의 행동을 결정하는 것은
그것이 그대에게 얼마나 즐거움이 되느냐는 것이다.

음식은 그대가 먹기 전에는 단지 음식일 뿐이다.
그대가 먹고 나면 그 음식은 즐거움으로 변한다.
먹지 않고 다만 바라보는 것으로도 즐거울 수 있다.
음식을 보기 전에 단지 주문하는 것만으로도 즐거울 수 있다.
하지만 먹는 즐거움에 비할 수는 없다.

진리가 그대의 말로 전해질 때 그대는 즐겁다.
진리가 그대의 생각 속에서 정리될 때 그대는 즐겁다.
하지만 진리가 그대의 행동으로 나타나는 즐거움에 비할 수는 없다.

투영된 즐거움

그대는 즐거움 그 자체를 즐기지 못한다.
그대의 즐거움은 항상 무언가에 투영되어야만 한다.

그대는 사람들에게 그 즐거움을 투영한다.

사람들이 아름다워 보인다.

사람들과 대화하면 즐겁다.

사람들과 함께하면 넉넉하고 여유롭다.

그러다 어느 순간 그대는 싫증을 느낀다.

그대에게 더는 사람들이 아름다워 보이지 않는다.

그대의 친구와 어머니와 연인이 더는 아름다워 보이지 않는다.

그대는 깊은 산이나 전원으로 찾아간다.

얄팍한 인정보다 의연한 자연의 모습이 얼마나 좋은가!

자연이 아름다워 보인다.

자연과 대화하면 즐겁다.

자연과 함께하면 넉넉하고 여유롭다.

웬만해선 싫증을 느끼지 않는다.

하지만 어느 순간 싫증은 약속된 방문처럼 그대를 찾아온다.

그대에게 더 이상 자연이 아름다워 보이지 않는다.

그대가 즐거움 그 자체를 맛보기까지

그대는 계속 싫증의 방문을 받아야 한다.

투영된 즐거움에 익숙한 그대는

그 즐거움이 그대의 내면에서 흘러나오는 것임을 모른다.

즐거움이 그대의 내면에서 흘러나오는 것임을 알게 되었을 때

그대는 더 이상 싫증의 방문을 받지 않아도 된다.

이제, 그대는 어디든 즐거움을 투영할 수 있다.
누구를 만나든 어디에 있든 무엇을 하든
즐거울 수 있다.

호미

멋진 호미를 샀다.
날렵한 날과 듬직한 손잡이가 여간 마음에 드는 게 아니다.
밭일을 나갔다.
호미를 써서 김을 매고 밭을 일구어야 하건만
반짝반짝 빛나는 호미의 날에 흙을 묻히기가 싫다.

그대의 몸과 마음은 호미다.
그대의 영혼이 선택한 도구인 것이다.
호미에 흙을 묻히지 않는 것이 그대 삶의 목적이 되어서는 안 된다.
반짝이는 호미의 날을 보며 흐뭇해하는 그대를
비난하고 싶지는 않다.
다만
호미를 써서 맛볼 수 있는 즐거움을 외면하지 마라는 것이다.

우주의 대답

그대의 언어로 우주에 물어도
우주는 그대의 언어로 대답하지 않는다.
문득 그대의 발길을 가로지르는 낙엽으로
그대 옆을 지나는 낯익은 듯 보이는 낯선 사람으로
그대 머리 위를 지나며 지저귀는 새의 노래 소리로
그대의 웃음으로
그대의 콧노래로
그대가 사랑하는 사람의 조그만 눈짓으로
그렇게 대답한다.

놓치지 마라.
우주는 언제나 그대의 질문에 충실히 대답하고 있으니…

알거나 혹은 모르거나

그대의 삶이 알고 모르고의 굴레 속에서 정신없이 굴러간다.
안다고 생각하는 것을 꼭 알고 있는 것은 아니다.
모른다고 생각하는 것을 꼭 모르고 있는 것은 아니다.
앎에도 모름에도 붙잡히지 마라.

'알거나 혹은 모르거나'로 삶의 무게를 재지 마라.
삶은 재어지기 위해서 존재하는 것이 아니다.
오로지 삶은 그대의 즐거움을 위해서 존재한다.

결벽증

그대는 결벽증에 걸려 있다.

원숭이는 양파를 싫어한다.
실제인지는 알 수 없으나
원숭이에게 양파를 주면 껍질을 까서 먹으려고
결국 다 까 버리고 만다는 이야기다.

그대의 고민 역시 바로 이것이다.
그대는 즐거움을 위해서 무언가 선택해 놓고서
정작 즐거움은 잊어버린 채
목적과 수단을 혼동한 채로
단지 양파를 까는 일에만 열중하고 있는 것이다.

그대가, 자신이 누구인지 궁금해하는 것은
그대의 즐거움을 위해서이다.

하지만 어느새 그대는 즐거움을 잊어버린 채
어떤 결론을 얻으려고 한다.

하지만 그대여
결론은 없다.
그대가 누구인지 결론을 낸다는 것은
우주가 무엇인지 결론을 낸다는 것과 같은 일임을 잊었는가?

그대가 의문을 내어 보는 일은 아름다운 것이다.
하지만 그대가 그 답에 집착하는 것은
그대의 또 다른 번뇌일 뿐이다.
그대가 어떤 답을 낸다 할지라도
궁극의 답이 될 수는 없으며
또한 모두가 답이 될 수도 있는 것이다.

양파 까는 일에 집착하는 사람들은
벌써 수천 년 동안 양파를 까고 있다.
그대가 굳이 그들에게 가서
일을 거들어야 할 필요가 있을까?

순간 포착

1초 간격으로 사진을 찍어도 다 다르게 나온다.
각도와 빛의 미세한 차이이겠으나
더 중요한 이유는 따로 있다.

그대는 그대의 몸이 쉴 새 없이 진동하고 있다는 사실을 아는가?
단 한 순간도 정지되어 있는 법이 없다.
눈으로 보는 것과 사진은 다르다.
눈은 여러 이미지의 조합을 보는 것이다.

몸뿐이 아니다.
모든 것이 다 진동하고 있다.
고정되어 있는 것은 없다.
혹 그대의 얼굴이 마음에 안 든다면
그리하여 뜯어 고치고 싶다면
그대의 얼굴이 고정되어 있다는 사고부터 바꾸어야 한다.
얼굴과 몸은 그대의 의식의 파동에 따라
끊임없이 변하고 있다.
변하지 않는 것처럼 느껴지는 것은
그대의 에고가 만들어 낸 거짓 관성 때문이다.

우주가 이토록 무한 가능성의 순간들로 이루어져 있음을 안다면

그대의 아름다운 마음 하나가
어떻게 이 세상을 바꿀 수 있는지 또한 알게 될 것이다.

아름답게 바라보라.
그대의 몸과 마음과 세상이 함께 변한다.

이해

이해받기 위해 태어난 것이 아니다.

그대의 삶이 누군가에게 아무리 그럴듯하게 이해된다 할지라도
진실한 즐거움이 없었다면 그대의 삶은 아무것도 아니다.
단지 그대는 잘못 살았다는 것 하나를 깨우치게 될 뿐이다.

그대의 삶이 아무에게도 이해될 수 없는 것이라 할지라도
즐거움의 본질을 깨달은 그대의 삶은 위대한 것이다.

내 맘 같지가 않아

"내 맘 같지가 않아."
그대가 즐겨 쓰는 말이다.
하지만 생각해 보라.
모든 것이 내 맘 같기만 하다면
이 세계가 존재할 이유가 있을까?

언제나 뒤집어 생각해 보라.
당연한 듯 살아온 그대의 삶을 뒤집어라.
깨달을 수 있는 기회를 얻게 될 것이다.

모든 것이 그대의 뜻대로만 되는 세상이라면
모든 것이 그대가 원하는 대로 되는 세상이라면
그런 세상은 아무런 가치도 없다.
그대는 그런 삶을 원한 적이 없다.
그러나 그대는 잊어버렸다.
스스로 선택한 삶의 숭고한 의미를 잊어버렸다.

그대가 원하는 대로 되지 않기에
그대는 그대가 원하는 것에서 기쁨을 느낄 수 있는 것이다.
확실히 그대는 그렇게 창조되었다.

"어느 하나도 내 맘대로 되는 게 없어요."
그대의 또 다른 투정이다.
하지만 과연 그럴까?
사람은 늘 이루어진 99보다
이루어지지 않은 1을 더 크게 생각한다.
생각의 밀도가 다른 것이다.
그 밀도의 가치는 그대가 결정하는 것이다.
물론 그대는 불만스러울 것이다.

하지만 기억하라.
그대에게 아직 이루어지지 않은 것은
그대에게 그 이룸의 가치를 더 높이기 위해서라는 것을…

그대가 지금 진정으로 원하는 것은 무엇인가?

만화 같은 아이들

요즘 아이들은 만화 속 주인공처럼 생겼다.
그대가 만화를 보며 상상해 온 결과물이다.

그대가 상상했던 것이

세상에 드러나고 있음은

너무나 당연한 일이다.

그대가 꿈꾸었던 것

그대가 그토록 갈구했던 것

그대는 구속받지 않는 삶의 터전을 원했다.

오래전부터 그대는

국가도 민족도 법률도 관습도 무시할 수 있는

절대 자유공간을 원했다.

그것이 바로 인터넷이다.

물론 완전하지는 않다.

인터넷은 3.5차원이다.

그대가 진짜 자유공간을 맛보기 위한 애피타이저다.

자, 자유가 주어진 지금 그대는 무얼 하는가?

아무도 간섭하지 않는 공간에서 그대는 무얼 하고 있는가?

자유를 누리는 법을 익혀라.

자유의 참된 가치를 익혀라.

사랑의 절대 가치를 존중하고 늘 깨어 있으라.

그리고 기억하라.

지금 그대가 원하는 건

뭐든지 이 땅에 나타난다.

풍요 속의 빈곤

오직 하나의 채널만 나오는 TV가 있다.
아직 알려지지 않은 독재국가임에 틀림없다.
뉴스 시간엔 열심히 뉴스를 본다.
드라마를 보고 눈물을 흘린다.
코미디를 보고 웃는다.
스포츠를 보고 열광한다.
쇼를 보며 박수 친다.
시청률 경쟁이 없으니 내용이 알차다.
물론 경쟁자의 부재로 인한 방만함이 있을 수도 있다.
하지만 교양프로의 시청률도 만만찮다.

그대의 TV에서는 100여 개의 채널이 나온다.
하나도 제대로 보기가 어렵다.
조금만 재미가 없으면 어지러운 채널 탐색이 시작된다.
웃지 못하는 시간이 5초를 넘는 개그는
뒷부분을 더는 보지 않는다.
극적인 장면을 연출하지 못하는 잔잔한 드라마는 조기 종영된다.
그대는 매일같이
스포츠와 리얼리티 쇼와 개그와 뉴스와 괴담으로 뒤섞인
이상한 짬뽕 프로그램을 본다.
물론 어느 채널에서도 방영하지 않는 것이지만

그대의 반죽(?) 솜씨는 날로 능숙해진다.
상당히 오랜 시간 채널을 바꾸지 않고 볼 때도 있다.
그대가 TV를 틀어 놓고 자고 있을 때이다.
많은 사람들을 짧은 시간에 잠들게 할 수 있는 프로그램이
시청률 1위를 차지하는 것이다.

많은 채널을 가진 사람은
그 다양함으로 인하여 어느 것 하나에도 집중하지 못한다.
적절한 중도의 미덕을 발휘하기란 여간 어려운 게 아니다.
하나의 채널 또는 소수의 채널만 가진 사람은
온전히 집중하여 인정할 만한 결과물을 끌어낼 수가 있다.
다만 단조로움에서 오는 무료함을 이겨내어야만 한다.

결국 모든 문제의 열쇠는 그대가 가지고 있다.
채널의 수가 문제가 될 수는 없다.
'풍요 속의 빈곤'이 될지 '빈곤 속의 풍요'가 될지는
오로지 그대의 몫이다.

사랑의 반대말

누군가 (+)를 더 가진다면
누군가는 (−)를 더 가져야 한다.
그리하여 우주는 균형을 맞추는 것이다.

그대가 선(善)을 생각하면
어디선가 악(惡)이 일어난다.
그리하여 우주는 균형을 맞추는 것이다.

그대가 태어남을 고집하면
어디선가 죽음이 일어난다.
그리하여 우주는 균형을 맞추는 것이다.

반대를 가지지 않는 것은 사랑뿐이다.
사랑은 반대급부를 가지지 않기에
사랑이 생겨난다고 해서
사랑의 반대되는 것이 더 생겨나지는 않는다.
사랑은 바로 존재 자체, 우주 자체이기 때문이다.

사랑은 선호가 아니다

그대가 누군가를 사랑하게 되면서
반대로, 사랑하던 또 다른 누군가가 미워진다면
그대는 단지 선호(先好)하고 있는 것이다.
아직 그대의 사랑은 존재에 다가가지 못한 것이다.

그대가 누군가를 사랑하면서
그 누군가를 사랑하는 다른 사람이 미워진다면
그대는 단지 소유하고 싶은 것이다.
아직 그대의 사랑은 자유를 얻지 못한 것이다.

그대가 어리석다는 말이 아니다.
그대가 잘못하고 있다는 말이 아니다.
그대의 선호가, 그대의 소유욕이 세상을 발전시켜 왔다.

하지만 그대의 선호가, 그대의 소유욕이
그대의 진정한 즐거움을 망치도록 내버려두지 마라.
그대가 상상도 못할 만큼 위대한 사랑이
그대와 늘 함께하고 있음을 믿어라.

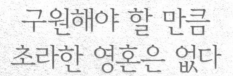

구원해야 할 만큼
초라한 영혼은 없다

나를 비워버린 어둠

어둠을 붙잡으려 등불을 켜고
가슴을 죄며 길을 나섰다.
눈앞인 듯했던 어둠들이
꼭 한 걸음 앞으로 물러선다.

좀 더 빨리
어둠보다 앞서 기다려야지.
결심의 무게만큼
어둠은 힘을 얻어 더 빨리 달아난다.

겨우 가쁜 숨을 쉬던 심지가
문득 하늘로 떠나 버린 날
언제나 달아나던 그 어둠이
나를 가득 안고 있었다.

나를 비워버린 어둠
그 끝없는 사랑

세상이 그대에게 빚지게 하라

살다 보면 억울한 일도 있다.
터무니없는 일을 겪기도 한다.
풀어헤쳐 낱낱이 시비를 가리고 분석을 한다면
아마도 누명에서 벗어나게 될 것이다.
하지만 그대가 누릴 수 있는 것은 없다.

세상이 그대에게 빚지게 하라.
다가오는 바람이며 파도를 그냥 꿀꺽 삼켜라.
그물 사이로 바람이 지나간 것처럼
비웃음을 사고도 의연히 웃어라.
오해를 받고도 흔들리지 마라.
가장 초라해 보이는 그대의 모습이
어쩌면 가장 아름다운 모습일 수도 있다.

세상은 공짜를 좋아하지 않는다.
그대에게 빚진 것은 꼭 갚고야 만다.
그대의 웃음과 인내는 틀림없이 보상을 받게 된다.
세상은 계산에 무딘 것처럼 보이지만 사실은 그 반대다.
세상을 빚지게 한 그대의 행동은
분명히 더 차원 높은 즐거움으로 돌아오게 되어 있다.

아낌없이 사랑하며 사는 그대여…

그대에게 갚아야 할 세상의 빚이 날로 늘어나고 있다.

1% 준비하며

삶에서 불행은 사실 1%에 불과하다.

그럼에도 그대는 불행을 100%라고 느낀다.

50%는 그대가 1%의 불행을 준비하는 시간이다.

49%는 그대가 1%의 불행을 다시 맛보는 시간이다.

왜 불행을 준비하는가?

그대는 준비한 적이 없다고 말할 것이다.

왜 그딴 것을 준비하느냐고 소리칠 것이다.

하지만 분명 그대는 불행을 두려워했다.

그것이 바로 불행을 준비하는 가장 훌륭한 방법인 것이다.

실제의 불행보다 불행에 대한 두려움이

오래도록 그대를 불행에 빠트려 온 것이다.

그대를 좌절하게 하고

그대를 힘겹게 하고

그대를 너무나 슬프고 고독하게 만들어 온 것은

불행이 아니라

불행에 대한 준비였으며
불행에 대한 기억의 집착이었다.

자, 이제 그대의 불행은 점점 작아진다.
나중에는 1%의 불행조차도
불행으로 느껴지지 않게 될 것이다.

삶과 죽음

지금, 단 몇 초 동안 그대의 몸속에서
수백만 개의 세포가 죽어 가고
수백만 개의 세포가 태어난다.

그대가 삶이라고 말하는 것 과연 진실인가?
그대가 죽음이라고 말하는 것 과연 진실인가?
그대는 그대가 파악하는 방식으로만
사물과 사건을 규명하려는 습관을 가지고 있다.

그대의 몸을 확대해 보면 거의 대부분이 텅 빈 허공이며
아주 미미한 부분만이 양성자, 중성자, 전자로 이루어져 있다.
게다가 그 미립자들은 다른 사람의 세포나 다른 무생물들

다시 말해서
그대가 앉아 있는 의자나
그대가 마시고 있는 음료수의 캔이나
그대가 호흡하고 있는 공기의 성분과 전혀 다르지 않다.

무엇으로 그대의 몸을 규정할 수 있는가?
그대의 몸이 또는 그대가 무엇이라는 걸 전혀 규정할 수가 없는데
그대가 죽었다든지 살아 있다든지 하는 건 어떻게 말할 수 있는가?

삶과 죽음은 변화하는 모습일 뿐이지
단절된 사건이 아니다.

삶과 죽음은 동시에 존재한다.
겹쳐져 있다.

그대의 삶이 지나고 죽음이 오거나
그대의 죽음이 지나고 삶이 오는 것이 아니라
삶과 죽음은 언제나 함께 존재한다.

전쟁의 씨앗

시비는 시비를 낳고 그 시비는 또 시비를 낳고
끝도 없는 시비를 낳다가 결국 더는 견딜 수 없는 지경이 되면
전쟁이 일어난다.

그렇게라도 정화되지 않으면 우주는 못 견디게 될 것이다.
분별의 극단, 분별의 종착역은 전쟁이다.
인간이 일으킬 수 있는 가장 참혹한 상황인 전쟁은
그렇게 해서 태어난다.

전쟁을 치르는 그 누구도 자신이 잘못되었다고 말하지 않는다.
언제나 전쟁은 정의의 이름으로 치러지는 것이다.

그대 안에서 무엇이 일어나고 있는지를 보라.
아주 사소한 분별이 일어날 때
그것은 이미 전쟁의 씨앗을 잉태하고 있는 것이다.

볼멘소리를 할 수도 있다.
분별이 사라져 버리면 문명의 발전도 없다고.
옳다.
인류는 그렇게 발전해 왔다.
다만 그대가 통제할 수 없는 지경까지

분별을 쓰지 마라는 것이다.
아무리 좋은 것이라도 그대의 자유 의지를 벗어나 버리면
그건 대단히 위험한 것이다.

사주가 바뀐다

사주(四柱)는 생년월일시의 10간 12지로 이루어진 네 개의 기둥이다.
팔자(八字)는 기둥마다 두 글자씩 더하여 모두 여덟 글자이다.
어떤 사람도 태어난 시각을 바꿀 수는 없다.
그렇다면 타고난 사주는 바꿀 수 없는 것인가?

그대가 철저히 그대의 몸에만
그리고 몸을 둘러싼 의식작용인 에고에만 관심을 둔다면
사주는 바뀌지 않는다.
하지만 그대가 그대의 영혼으로 관심을 돌리는 순간
그대의 육체가 태어난 시각은 의미를 잃어버리게 된다.
이제 그대의 사주는 그대의 영혼이 태어난 시각을 기준으로 한다.

그렇다면
그대의 영혼이 태어난 것은 언제인가?
그대의 영혼은 어디로부터 생겨났는가?

아무도 대답할 수 없다.

이제 그대의 사주는 그대의 영혼이 원하는 방식으로 바뀐다.
그대의 영혼은
사랑을, 즐거움을, 자유를, 기쁨을, 다양한 경험을 원한다.

불가능

그대는 단 한 번이라도 남에게 상처를 입힌 적이 있는가?
그대는 단 한 번이라도 남에게서 상처를 입은 적이 있는가?
아니다.
그대는 오로지 그대에게 상처를 입혔고
그대는 오로지 그대에게서 상처를 입었다.

그대가 그대 아닌 다른 누군가를 미워한다는 건 불가능한 일이다.
그대가 그대 아닌 다른 누군가를 사랑한다는 건 불가능한 일이다.
그대가 그대 아닌 다른 누군가를 어떻게 한다는 건 불가능한 일이다.

언젠가 그대는 '그대'를 미워했을 수도 있다.
하지만 그건 더 사랑하고 싶기 때문이었다.
불가능한 것을 마치 가능한 것처럼 살아온 것은

그대가 가슴을 닫고 살았기 때문이다.

그대는 이제 무엇이 불가능한지 눈치챘을 것이다.
이제 그대는 무엇을 하고 싶은가?

자폐증

외로운 이는 자폐증에 걸린다.
상처를 입을까 두려운 것이다.
또는 상처를 입힐까 두려운 것이다.
자폐증은 평화주의자의 병이다.
그리하여 평화주의자는 외롭다.

어느 편에도 서지 않는 사람은 따돌림을 당한다.
"넌 뭐니? 박쥐니?"
누구의 편도 들지 않을 때
양 쪽의 사람들이 모두 외로운 이를 비난한다.
사람들은 소속이 분명치 않은 것을 싫어하는 것이다.

외로운 이는 죽어서도 외롭다.
생과 사의 구별 따위에 의미를 두지 않는 그들을 보고

몸을 쓰는 영혼(산 사람)들과 몸을 쓰지 않는 영혼(죽은 사람)들이
소속을 분명히 하라고 할지도 모른다.

상처받는 것이 두려워서 스스로 갇혀 버린 그대여…
숨지 말고 당당히 외쳐라.
사랑은 숨길 수 있는 것이 아니다.
그 오묘한 생명의 덩어리인 사랑은
어디서든 그대를 주인 되게 한다.
상처를 고집하지 마라.
사람이 그립다고 솔직히 말하라.
악의 없는 비난쯤은 웃으며 넘겨라.
많은 사람들 속에서 적당히 한 편을 들면서 웃고 있는 사람들도
그대 못지않은 자폐증을 앓고 있음을 아는가?
모두들 사랑에 굶주려 있다.
자신 안에 잔뜩 쌓아 놓은 사랑을 외면한 채
오늘도 '건배'를 외치며 자폐의 설움을 말하고 있다.

갇히기 위해서 태어난 것이 아니다.
그대의 유용한 도구인 몸이
그대를 가두어 두기 위해서 존재하는 것이 아니듯
그대의 마음 역시 그대를 가두어 두기 위해서 존재하는 것이 아니다.
그대를 가둘 수 있는 것은 없다.
그대가 가둘 수 있는 것도 없다.

사랑과 생명의 흐름에 그대를 맡겨라.
그대를 가두어 온 것,
그대가 가두어 온 것이 아무런 의미가 없음을 알게 될 것이다.

그대가 없으면 우주도 없다.
그대가 웃으면 우주도 함께 웃는다.

미친 사람

갈 데까지 가 버린 사람
미친 사람이다.
미치는 건 나쁜 일이 아니다.
세상은 미친 사람들이 가꾸어 왔다.

빛나는 왕좌에서 천하를 호령한 군주들과
많은 사람들 앞에서 반짝이는 얼굴로 웃던 얼굴들도 좋지만
뒤안길에서 소리 없이 스러져간
누구보다 세상을 사랑하여
그 사랑에 미쳤던 사람들
누구보다 빛나는 얼굴들
세상과 하나가 되어 버린 자신을 위하여

미쳤던 사람들이다.

그대여, 사랑에 미쳐라.
소유에 몰두하는 비겁함이 아니라
자유와 사랑에 아름답게 미쳐라.

나는 달라요

세상과 그대가 다르다고 느낀다면
그대는 세상과 격리되어 있는 것이다.
그대의 환경과 상황이 너무나 특별한 것이라
세상 사람들과 다르다고 생각한다면
그대는 조금도 세상을 움직일 수 없다.
그대가 꿈꾸는 세상은 창조될 수 없다.

그대가 바라보는 세상이 그대와 하나가 되었을 때에만
그대는 뭔가 할 수 있다.

행복해지고 싶은가

세상은 거울이다.
그대가 세상을 비난하면 세상 역시 그대를 비난한다.
그대가 세상을 아름답게 보면 세상 역시 그대를 아름답게 본다.
그대가 그대의 아픔을 증명하기 위해서 세상을 이용하면
세상 역시 세상의 아픔을 증명하기 위하여 그대를 이용한다.
세상과 그대는 하나다.
다만 거울에 비친 것처럼
서로가 똑같은 서로를 들여다보고 있을 뿐이다.

행복해지고 싶은가?
대답은 하나뿐이다.
세상을 행복하게 하라.
세상이 그대를 행복하게 할 것이다.

방어

그대는 무엇을 지키고 싶은가?
그대는 습관적으로 방어하고 있다.
그대가 지키고 있는 것은 얼마나 가치가 있는 것인가?

그대는 그대의 에고를 보호하려고 한다.

그대는 많은 괴로움으로부터 멀어질 수 있다.

그대는 불필요한 일들로부터 멀어질 수 있다.

그렇다면…

그대는 괴로움을 피하기 위하여 살고 있는가?

삶은 그런 것이 아니다.

그대는 즐거움을 위하여 삶을 선택했다.

그러나 그대는 썩 훌륭하게 그대 자신을 방어하며

그대를 지키고 있다.

그대가 잃어버릴 수 있는 것은 어떤 것인가?

그대가 가진 것들이 지켜야 할 가치가 없다고 말하는 게 아니다.

다만…

진실로 그대가 원하는 게 무엇인지 다시 한 번 물어보는 것이다.

방어하는 사람들로만 이루어진 세상은 너무 슬프지 않을까?

그대부터 가슴을 열어라.

세상은 지금부터 밝아진다.

진짜 나이

그대의 나이는 얼마인가?

그대가 삶에서 가장 아름다울 수 있었던 순간

그대가 가장 행복했던 순간
그대의 의식이 명징하게 깨어 있어
그대가 그대의 의지로 삶을 바라볼 수 있었던 순간
이 모든 것을 합한 시간이 그대의 진짜 나이다.

그대의 아름다움과 행복은 어떤 사건에서 오는 것이 아니다.
만약 그대가 주인이 아니라
사건이나 환경이 주인이 되었던 것이라면
그건 그대의 '추억의 나이'일 뿐이다.
지금 말하는 것은 그것과는 다른 의미다.
그대가 그대의 삶을
아름다움으로 행복으로 사랑으로 지켜볼 수 있었던
시간들을 말하는 것이다.
상황을 바라보던 시각이 아니라
그대 자신을 어떻게 바라보고 있었냐는 것이다.
그대가 바라보는 모든 것이 그대이다.
어떤 상황에서도 그대가 바라보는 모든 것은
'존재의 향기' 가득한 창조주의 아름다운 작품이다.

중요한 것은
그대가 그대 자신을 어떻게 바라보고 있었냐는 것이다.
그대가 그대 자신을 그리고 그대일 뿐인 모든 것을
사랑과 자유라는 최상의 가치로 보았던 시간들

이것이 그대의 진짜 나이다.

웃는 모습을 떠올려라

누군가 그대를 힘들게 한다면
그리하여 그 사람이 미워진다면
그 사람이 활짝 웃는 모습을 떠올려 보라.
어느새 그대의 미움은 사라지고 없을 것이다.

자신이 미워지거나 초라하게 느껴질 때도 있을 것이다.
그때 그대가 아무 걱정 없이 활짝 웃는 모습을 떠올려라.
'웃는'이 어렵다면 웃던 모습을 떠올려도 된다.

웃어라.
그대 안의 미움과 아픔이 다 사라질 것이다.

시한부

그대가 시한부 인생을 살고 있다고 생각해본 적이 있는가?

그대가 그렇게 미워하던 사람도 시한부의 삶을 살고 있다면
용서하기가 좀 수월해지는가?
아니면 그대 자신이 '시한부 인생'이라는 걸 알게 된다면
좀 더 너그러워지거나
좀 더 가치 있는 것에 관심을 기울이게 될 것인가?

시한부 인생이라 하면 그대는 불치의 병을 먼저 떠올릴 것이다.
하지만 이미
그대는 '시한부 인생'을 살고 있다.
그대의 삶은(적어도 그대가 생각하는 형태의 삶은) 분명히 유한하다.
그럼에도 그대는 그대의 삶이 시한부라는 생각을 잘 하지 못한다.
그대의 삶이 영원히 계속될 거라고 생각하는 것이다.

그대의 삶이 분명 시한부라는 것을 늘 염두에 두고 살라고 하면
너무 비관적이지 않느냐고 반문할 것인가?
그런 뜻이 아니다.

단지 그대에게 전해 주고 싶은 뜻은 이것이다.
지금이 아니라면 그대가 용서할 시간이 없다는 것
지금이 아니라면 그대가 사랑할 시간이 없다는 것
지금이 아니라면
그대가 정말 표현하고 싶은 모든 것이 표현되지 못한 채
그대의 생각 속에서만 머물 수도 있다는 것

그대의 삶도, 그대가 바라보는 그 사람의 삶도 영원하지 않다.
그대의 연극을 하고 있는 동안
그대가 진정 원하는 것을 표현해야만 한다.
이 연극에서 해야 할 그대의 대사가
연극이 바뀌고 무대가 바뀌고 나서 다시 주어지기는 어려울 것이다.

그대가 무언가 할 수 있는 시간은 지금뿐이다.
그대가 아프게 한 사람, 그대를 아프게 한 사람…
그대도 그 사람도 '시한부 인생'을 살고 있다.
결정은 그대의 몫이다.

어린아이처럼

썩 훌륭한 삶을 살았다.
그대의 감정은 적절히 분배되었고
그대의 이성은 잘 불리어진 한 자루 칼처럼 빛났으며
그대의 업적은 누구나 칭송해 마지않는 것이었고
그대의 흠 잡을 데 없는 처세는 누구나 본받아 마땅한 것이었다.
비난받을 일 따위는 시작도 하지 않았으며
또한 무언가에 속아서 허튼 일을 벌이지도 않았다.

그대는 훌륭히 삶을 마쳤다.
하지만 그대는 그다지 기뻐하지 않는다.
다만 의무를 열심히 다하고 온 사람의 표정일 뿐이다.
박수를 쳐주고 싶지만
그대의 영혼에 대한 모독인 것 같아 망설여진다.

그대와 더불어 세상을 이루는 사람들은 누군가?
하나같이 경계하고 선을 두고 바라보아야 할 사람들인가?
그대 홀로 선(善)을 부르짖고
그대를 제외한 모든 사람에게
어리석어 악에 물들기 쉬울 것이라고 말하는가?
그대가 차마 할 수 없었던 역할을 하고 있는 사람에게
할 말은 아니다.
그들 역시 그대라는 것을 알게 될 때까지
그대의 진실은 울고 있다.

어린아이처럼 순수해져라.
이미 천국이 그대와 함께 하고 있으니.

집이 최고다

설렘을 안고 떠난 여행이지만
어느덧 기쁨은 가고 목마름만 가득하다.
만만찮은 돈과 시간을 들여 여행을 준비했던 그대는
이제 다만 휴식하기를 원한다.
드디어 집으로 돌아온 그대가 할 수 있는 말은
하나밖에 없다.
"역시 집이 최고야."

하지만 어찌된 일인지 그대는 또다시 여행을 떠난다.
지난 여행에서의 수고로움은 잊히고
설렘과 경이로움에 대한 기억만이 남아 있다.
그리고 다시 집으로 돌아온 그대의 대사는 변함이 없다.
"집이 최고지. 암, 그렇고말고."

이런 과정은 수없이 반복된다.
이것이 바로 그대가 윤회하는 까닭이다.
그대의 새로운 것에 대한 동경은
지난 삶에서의 수고로움을 잊게 만든다.
삶을 마치고 몸이라는 도구를 내려놓은 그대는
모든 것을 기억하고 성찰할 수 있는
'영혼'의 상태를 맞이한다.

그대는 '삶과 죽음'이라는 가치를
마치 여행을 떠났다가 귀가하는 일을
반복하는 것처럼 느끼는 것이다.
하지만 그대가 눈치채어야 할 것은 한 가지가 더 있다.
그대의 좀 더 본질적인 모습은
이러한 전체 과정을 '여행'으로 받아들이고 있다.
그대는 '삶'이든 '죽음'이든 즐기면 된다.
그대의 여행도 여행이며 그대의 귀가도 여행인 것이다.
여행은 즐거운 것이다.

그대는 지금 어디를 여행하고 있는가?

내면에서

바깥에서 오는 것은 영원하지 않다.
잠시 즐거울 수도 있지만 오래가지는 못한다.
그것들은 언제고 떠나버릴 것들이다.
그것들은 그대를 외롭게 만들 것이다.

내면에서 오는 것은 영원하다.
그대에게 다가왔다가 떠날 때도

그대의 내면으로 다시 돌아가는 길밖에 없기 때문이다.

그대의 바깥에서 다가오는 기쁨은
화려해 보여도 곧 쓸쓸히 막을 내리게 될 것이지만
그대의 내면에서 오는 기쁨은
나누어 줄수록 점점 더 커지는 것이다.

상대를 바꾸고 싶다면

상대를 바꾸고 싶다면
그대부터 바뀌어야 한다는 걸 그대는 이미 알고 있다.
하지만 어떻게 바뀌어야 하는 것인가?
단지 그대의 눈을 바꾸면 된다.
상대를 사랑으로 보라.
현재 상대가 하고 있는 행동을 사랑으로 보라는 것이 아니다.
상대의 행동은 충분히 아름답지 않을 수도 있다.
그대는 상대의 행동이 아니라 그 존재를 사랑으로 보아야 한다.
상대가 사랑임을 믿어라.

어느 날 그대는 바뀌어 버린 상대를 만날 수 있을 것이다.
상대를 그대가 원하는 아름다운 가치로 만들려면

상대를 그대가 원하는 아름다운 가치로 보라.
그러한 가치로 보기 위해 그대가 바뀌어야 한다면
먼저 그대가 바뀌어라.
상대를 깨우고 싶으면
그대부터 깬 눈으로 상대를 보라.
그대는 여태 무작정 바꾸려고만 하였다.
그대가 해 오던 방식이 상당히 비효율적이라는 걸
빨리 알아차리기를 바란다.

방식을 바꾸어라.
그대가 상대라고 생각하는 모든 사람들은
그대를 바꾸기 위해
그대를, 그대의 중심인 사랑으로 돌아오게 하기 위해
우주가 그대를 위하여 배려한 존재들이다.

마지막 선물

그대의 어머니가, 아버지가, 사랑하는 사람이 세상을 떠난다.
그대는 심한 상실감을 느낀다.
그대는 슬픔을 느껴야 한다.
하지만 그대는 그 슬픔 속에서 행복을 느낄 수도 있다.

슬픔 속에서는 행복을 느낄 수 없다고 생각하는가?

그대의 슬픔은 어떠한가?
상실감과 슬픔은 다르다.
그대는 그러한 상황에서 어떤 감정을 가져야 하는지 잘 알고 있다.
그대는 오래도록 배워왔다.
그대는 배워온 대로 감정을 표현한다.
그대의 진실한 감정은 그 밑에 숨어 있다.
세상은 그대의 진실한 감정을 용납하지 않는다.
적어도 그대는 그렇게 믿고 있다.

그렇다면 그대는
그대가 가장 사랑하는 사람의 마지막 선물을 받지 못한다.

기쁨이 곧 행복이라는 공식이 언제나 옳은 것은 아니다.
그대는 슬픔 속에서도 행복을 느낄 수 있다.
물론 이 말은 그대를 대단히 혼란스럽게 할 수도 있다.

그대가 이해할 수 있는 언어로 바꾸어 보자.
그대에게 있어 행복의 주체는 누구인가?
외부적 상황인가 아니면 그대인가?
만약 외부적 상황이 주체라면 그대의 행복은 곧 사라질 것이다.
상황은 그리 오래 가지 않는다.

그대는 그 상황을 유지하기 위하여 온갖 노력을 다하겠지만
아주 조금 연장하는 데 그칠 뿐이다.
바로 그대가 행복의 주체가 되어라.
그대는 슬픔마저도 행복으로 승화시킬 수 있다.
이제 그대에게도 마지막 선물을 받을 자격이 생겼다.

쉰다, 즐거움이 될 때까지

하루를 온통 쉬어보라.
쉬운 일이 아니다.
몸은 쉬고 있어도 머리는 쉬지 못한다.
끊임없이 생각하는 데에 길들여진 머리는
'쉰다'는 현실을 받아들이지 못한다.
머리는 의무를 다해야 한다고 생각한다.
머리에게 있어서
아무것도 하지 않고
시간을 보낸다는 것은 있을 수 없는 일인 것이다.

늘 쉬고 싶다고 푸념을 하면서 막상 쉬라고 하면
온전히 쉬지도 못한다.
기껏, 조금 풍성한 음식과 몇몇 가지 유희들

쉴 줄 모른다.

현재를 즐길 줄 모르면 쉰다는 것은 불가능한 것이다.

현재를 즐길 줄 알면 일하는 가운데에서도 쉴 수 있다.

쫓기듯 살지 마라.

바람에 몸을 맡겨라.

자연의 소리에 귀를 기울여라.

공기의 흐름과 나무의 손짓을 보라.

잿빛 소음이면 어떤가.

사람들이 살아가는 소리

움직이고 멈추고 돌아가는 소리.

그냥 있는 그대로 느껴라.

호젓한 바닷가와 번잡한 도심은

본질적으로 아무런 차이가 없다.

번잡 속에서 고요를 느끼지 못하는 사람은

아늑한 자연 속에서도 제대로 쉴 수 없는 사람이다.

기다려라.

모든 것이 즐거움이 될 때까지

쉰다는 것의 의미는 바로 이것이다.

모든 것이 즐거움으로 다가올 때까지 기다리는 것.

미워하는 사람에게

그대는 불치의 병을 앓고 있다.
병을 낫게 할 수 있는 유일한 방법은
그대가 누군가에게 병을 옮기는 것이다.
그대는 누구에게 그 병을 옮길 것인지 선택할 수 있다.
그대가 누군가를 선택하면
병은 그 사람을 죽게 만들 것이며
반대로 그대는 살아남을 것이다.

그대여
그대가 미워하는 사람에게 병을 옮기고 싶은가?
그대는 그렇게 하기를 원하지 않을 것이다.
그대의 진심은 그런 것이다.

그대의 미움은 그대의 진심이 아니다.
그대의 미움은 단지
더 사랑이 되지 못한 자신과
그대가 미워한다고 믿는 그 사람과 이 세상에 대한
안타까움일 뿐이다.
보라, 그대의 미움은 이토록 실체가 없는 것이다.

그대가 여태껏 고집해 온 '그대'를 포기할 수 있다면

상상도 못할 아름다움을 곧 발견하게 될 것이다.

책에 읽힌다

책을 읽는다.
하지만 가끔 책이 그대를 읽기도 한다.
그대가 책에 읽혀버리고 마는 것이다.

책뿐이랴.
그대가 주인이 되지 못하면
많은 것이 그대를 대신하여 주인 행세를 하려 할 것이다.

무얼 하든 좋다.
주인이 되어서 행하라.
그대의 에고를 고집하라는 말이 아니다.
깨어 있으라는 말이다.
어느 것이 참다운 그대인지
알고 있으라는 말이다.

주인이 되어 행할 때만
그대는 진정한 즐거움을 맛볼 수 있는 것이다.

주인이 되어 행할 때만
그대의 인생은 가치가 있는 것이다.

서울역

서울역에 가면 이슬을 맞으며 잠을 자는 무리들이 있다.
그대가 어느 날 그들과 함께하게 되었다.
한 달, 두 달 시간이 지난다.
어느덧 서울역은 그대 삶의 터전이 되었다.
그대가 허풍 떨기 좋아하는 사람이었다면
서울역에서도 그렇게 할 것이다.
그대가 누군가를 가르치기 좋아하는 사람이었다면
서울역에서도 그렇게 할 것이다.
그대가 누군가를 단죄하기 좋아하는 사람이었다면
서울역에서도 그렇게 할 것이다.
그대가 허울을 좋아하는 사람이었다면
서울역에서도 그렇게 할 것이다.
그대가 어떤 사람이었든 서울역에서도 똑같이 할 것이다.

서울역뿐만이 아니다.
그대에게 어떤 환경이 주어져도

그대는 예전에 하던 그대로 할 것이다.
환경이 그대를 지배하는 것 같지만
결국 환경도 그대를 바꾸지는 못한다.
그대는 어떤 환경에서도 그대가 해오던 삶의 방식을
대다수 고수하게 되는 것이다.
환경이 그대를 바꾸어 주리라는 어리석은 생각을 버려라.
그대가 환경을 바꾸는 것이다.
그대가 품은 이상에 어울리지 않는 환경은 바뀌게 되어 있다.
그대가 품은 생각에 필요한 환경은 존속된다.

그대여
그대를 서울역에 내려놓고 한 달 후에 그대를 다시 만나고 싶다.
그대는 그곳에서 무얼 하고 있을까?
그것이 그대의 모습이다.

환경을 바꾸고 싶다면 그대가 먼저 바뀌어야 한다.

그대 삶의 마지막 날

오늘, 그대 삶의 마지막 날이다.
이 밤, 눈을 감으면 그대의 삶은 끝난다.

내일은 없다.

내일의 삶은 내일에 맡겨 둘 뿐이다.

그대 삶의 마지막 순간

그대가 하고 싶은 말은 무엇인가?

그대 삶의 마지막 순간

그대가 하고 싶은 것은 무엇인가?

내일이 또 있다고 생각하지 마라.

희망은 그대를 끌어온 깃발이지만

또한 희망은 그대를 나태하게 한 마약이기도 하다.

매일 '희망'이라는 마약을

수면제처럼 입에 털어 넣으며 잠드는 그대여

환각에서 깨어나라.

그대는 매일 하나의 인생을 살고 있다.

내일 할 수 있는 일이라면 오늘 하라.

그대 삶이 오늘 끝난다고 생각하라.

내일이면 그대가 사랑한다고 말해 주고 싶은 사람은

그 자리에 있지 않다.

내일이면 그대가 하고 싶었던 모든 것이 그대를 기다리고 있지 않다.

오늘 그대가 하고 싶은 최상의 것을 선택할 수 있다면

그대의 내일 역시 그러할 것이다.

오늘 그대가 하고 싶었던 것을 미룬다면

그대의 내일 역시 그러할 것이다.

무얼 하고 있는가?
사랑은 내일 존재하는 것이 아니다.
그대가 사랑할 수 있는 시간은 지금뿐이다.

카운트다운(countdown)

그대의 삶은 그대의 생각 이상으로 분명한 목적을 가지고 있다.
버려지는 삶은 없다.
소모되는 삶도 없다.
그대의 영혼은 그런 것이 가능할 만큼 어리석지 않다.
그대의 삶은 사랑이라는 목적지로 가기 위하여
매 순간 카운트다운을 하고 있다.

가슴을 열고 느껴라.
설레는 마음으로 동참하라.
그대의 눈이 열리는 순간을 기다려라.
그대의 영혼이 사랑으로 가득 차는 시간을 축복하라.
그대에게 사랑이 아닌 것은 더는 존재하지 않는다.
모든 것은 그대의 영혼이 준비한 것이다.

검객은 외로워야 천하를 평정한다

혼자라고 생각될 때
그대는 집중할 수 있는 최고의 순간을 얻은 것이다.
그대가 의지할 수 있는 모든 것들은 아름답다.
하지만 그대가 의지할 곳 없이 처연히 혼자 있을 때
그 축복의 순간, 깨달음의 검을 휘두를 수 있는 그대는
더욱 아름답다.
이제 그대의 검에 천하가 평정된다.
이제 그대의 사랑에 세상이 함께 움직인다.

그리고 그대는 문득, 혼자라고 생각했던 그 시간 동안
그대가 결코 혼자가 아니었다는 사실을 깨닫고
울어 버릴지도 모른다.

진주

진주조개의 여린 속살에 조그만 모래 하나가 닿는다.
조개는 아픔을 느끼지 않으려
끊임없이 분비액을 뿜는다.
오랜 세월 동안 그 분비액이 굳어서 생긴 것이 바로 진주다.

아픔은 분명 불쾌한 자극이다.

하지만 그 자극이 없다면 반응은 일어나지 않는다.

아픔은 아픔을 위하여 존재하는 것이 아니다.

그것은 그대를 각성시키기 위하여 존재한다.

아픔을 아픔으로만 보지 마라.

아픔의 내면에는 그대를 보석으로 바꾸어 줄

위대한 비밀이 숨어 있다.

삶에 길들여지지 마라

그대가 주인인가, 삶이 주인인가?

그대가 주인이라고 자신 있게 말할 수 있는가?

그대는 어느 샌가 삶에 길들여져 있다.

그 삶은 그대의 삶이 아니라 세상 사람들의 삶이다.

한마디로 그대는 남의 인생을 살고 있는 것이다.

삶의 가치를 왜 남이 결정해야 하는가?

끊임없이 그대는

그대의 삶을 보편적 가치의 삶과 일치시키라고 교육받았다.

하지만

누구나 똑같은 삶을 산다면
삶을 살아야 할 이유가 없지 않은가?

그대는 누구의 삶을 살고 있는가?
그대 자신이 원하는 삶인가
아니면 세상 사람들이 원하는 삶인가?
삶에 길들여지지 마라.
그대가 삶을 길들여라.
삶의 주인은 그대이다.

수돗물을 위하여

정수장에서 출발한 물이 집으로 온다.
무수한 직각의 길들을 만나며
물은 자연의 흐름을 잊어버린다.

생각이 흐른다.
생각을 훌륭히 통제하고 조건화하는 것이
인생의 성공을 보장한다는 가르침을 들으며
생각들은 자연의 흐름을 잊어버린다.

직각의 흐름에서 정신을 잃어버린 물들과
조건화의 틀 속에서 신음하는 생각들이여
이제라도 자연의 흐름을 찾아 주마.

한 잔의 물을 만나면 둥글게 원을 그려 주어라.
나선형도 좋고 파도 모양도 좋다.
자연스러운 흐름을 전해 주어라.
넋을 잃고 있던 물이 깨어날 것이다.

생명력을 잃어버린 생각을 만나면 웃어 주어라.
옳거나 그르거나 따위의 판단 대신 사랑을 전해 주어라.
지쳐 쓰러졌던 생각이 깨어날 것이다.
아픔인 줄 알았던 삶이
아름다움으로 가득하다는 것을 알게 될 것이다.

로봇과 결혼하다

'로봇과의 결혼을 허용하는 법이 어제 국회에서 통과되었습니다.'
먼 훗날 혹시나 이런 뉴스를 듣게 될지도 모르는 일이다.
촉감이나 눈빛이나 정보를 인지하고 수행하는 능력이
인간과 같다고 해서

인간과 로봇이 결혼하는 일이 과연 가능할까?

완벽한 외모를 가졌을지도 모른다.

미끈한(?) 얼굴에 나무랄 데 없는 몸매를 가졌을지도 모른다.

그렇지만 왠지 찬성해 주고 싶은 생각은 들지 않는다.

하지만 충분히 가능한 일이다.

사람들은 어차피 자신의 눈으로 바라보는 또 다른 자신을

보고 있을 뿐이다.

그대의 아내는 그대의 아내가 아니다.

그대의 남편은 그대의 남편이 아니다.

그대의 아내는 그대가 그대의 아내라고 알고 있는

몸 또는 이미지 위에

'그대'를 투사(投射)시킨 것에 지나지 않는다.

그대의 남편은 그대가 그대의 남편이라고 알고 있는

몸 또는 이미지 위에

'그대'를 투사시킨 것에 지나지 않는다.

어차피 그렇다면 무슨 상관이랴.

어쩌면 이미 그대는 '로봇'과 결혼해서 살고 있는지도

모를 일 아닌가?

그대는 대상을 그 자체로 바라보지 못한다.

그대가 바라보는 모든 것은 '그대'일 뿐이다.

그대의 의식이 깨어 있는 정도에 따라서
그대가 바라보는 모든 것도 변한다.
그대의 우주는 단 하나이지만
또한 무수히 많은 우주를 가지고 있다.
그대는 대상의 있는 그대로의 모습을 알기가 어렵다.
그뿐 아니라 그대는 그대 자신조차도 제대로 알기가 어렵다.

고정되어 있는 것은 없다.
그대가 그대 자신을 무어라고 규정할 수 있는 그런 '그대'는 없다.

그대가 바라보는 수십억의 '그대'
다른 존재들에게도 이 방식은 그대로 적용된다.
어느 날 그대의 주관과 우주의 객관이 만날 때
그대의 우주와 다른 존재들의 우주가 만날 수 있다.

그때 그대는 알게 된다.
그대가 남이라고 생각했던 존재들에게 일어나는 모든 일이
사실은 그대의 우주 안에서 일어나고 있다는 것을.

한 번쯤 해보고 싶은 실수

한 번쯤 해보고 싶은 실수를 적어보라.
그대가 억압해 놓은 것들이 드러날 것이다.
그대의 숨은 욕망이 드러날 것이다.
그대 안의 고질적인 분별과 시비가 드러날 것이다.
그대 안에서 해방되고자 하는 모든 것들이 드러날 것이다.

불가능한 실수도 있다.
터무니없는 것도 있다.
그대의 발목을 붙잡고 있는 예의와 염치와 도덕을 무너뜨려라.
끈적끈적한 배려와 이해와 용서와 화해 따위를 버려라.
도저히 실행에 옮기지 못할 것도 있다.
하지만 적어 보는 것만으로도 그대의 몸과 마음은 정화된다.
그대의 욕망이 승화되기 시작한다.
그대의 내면에 기쁨과 사랑이 들어앉을 여백이 생긴다.

많을수록 좋다.
그대가 실수라고 생각했던 모든 것을 낱낱이 적어 보라.
로맨틱한 실수도 좋다.
영화 속에서나 있을 법한 우연에 기댄 실수도 좋다.
무엇이든 적어 보라.
하지만 누구에게도 보여 주어서는 안 된다.

두 번 다시 그대를 보려 하지 않을지도 모른다.
물론 보여 주는 것이
그대가 해보고 싶은 실수 목록에 있는 것이라면 괜찮다.

실수에 대하여 적고 있으면서도
예의와 염치에 묶여 있는 자신이 느껴진다면
한 번 더 무너져라.
예의 바른 실수 따위는 없다.
아무것도 그대의 실수를 막지 못한다.
그대의 실수는 창의적인 행위다.
그대의 실수는 지구의 역사를 바꿔 놓을 위대한 것이다.

무너져라.
여태 허울에 가려 있던 그대의 아름다움이 드러날 것이다.

가치

시간과 장소에 따라서 바뀌는 것은 상대적 가치다.
지금 옳지 않은 것이 그 옛날에는 지극히 옳은 것이었다.
지금 옳은 것이 미래에는 아주 가치 없는 것일 수도 있다.
시간이 지나도 장소가 바뀌어도 변하지 않는 것은 절대적 가치다.

상상해 보라.

시간이 지나도 변하지 않는 것

장소가 바뀌어도 변하지 않는 것

지구의 반대편에서도 통하는 것

언어가 통하지 않고 전통이 달라도 통하는 것

언젠가 저 하늘을 가로질러 이르게 될

무수한 은하계의 별들에서조차도 통하는 것

상대적 가치는 그대의 삶에서 대단히 소중한 것이다.

그대가 그 가치를 무시하는 만큼

그대의 삶은 날로 황폐해질 수밖에 없는 것이다.

그러나 그대는 그 상대적 가치의 원천이 절대적 가치임을 모른다.

절대적 가치는 삶의 표면으로 잘 드러나지 않는다.

하지만 이것은 그대의 무게이며 밀도이며 힘의 원천이다.

절대적 가치 없이는 상대적 가치도 있을 수 없다.

상대적 가치는 그대 삶의 겉모습을 결정하지만

절대적 가치는 그대 존재의 가치를 결정한다.

그대 없는 그대의 삶은 있을 수 없다.

증인

검사와 변호사의 설전이 만만찮다.
죄를 입증하려는 자와 무죄를 입증하려는 자
진실은 멀다.
누구도 진실을 예측하기가 어렵다.
검사 측에서 증인을 출두시켰다.
아니, 증인이라 하기에는 무리가 있다.
정확히 말하자면 증혼(證魂)이다.
증인석에는 영혼의 목소리를 담아낼 수 있는 기계가 놓여 있다.
증인은 바로 피해자의 영혼이다.
물론 영혼이라고 해서 모든 증언이 다 채택되는 것은 아니다.
영혼도 거짓말을 할 수 있다.
위증이냐 아니냐의 판단은 판사가 한다.
하지만 피고석의 피고는 피해자의 영혼이 증인으로 채택되는 순간
새파랗게 질리고 만다.

아무도 모르리라 생각한다.
숨길 수 있다고 생각한다.
하지만 이것만큼 어리석은 것은 없다.
그대의 생각과 행위가 일구어 내는 파동은
아무 이유 없이 사라지지 않는다.
어떤 형태로든 결과를 만들어 낸다.

나중에는 증혼이 아니라 증공(證空)이 나올 수도 있다.
아예 공간 자체를 증인으로 채택하는 것이다.
조작된 알리바이 따위는 불가능하다.

여태 인간의 법은 불완전했다.
무죄를 유죄로 또는 유죄를 무죄로
판결해 버린 사례는 얼마든지 있을 수 있다.
3차원의 법은 한계를 가지고 있다.
하지만 고차원의 법은 한계를 모른다.
우주는 그대의 행위를 다 알고 있다.
그렇다고 해서 불안감을 가질 필요는 없다.
단죄의 율법은 기껏해야 3.5차원까지다.
4차원부터는 단죄가 아닌 선택의 율법이다.

무한자유, 무한책임, 무한선택
바로 대우주의 지엄한 율법이다.

옷

그대는 어떤 옷을 입고 있는가?
그대는 옷의 일부분인가?

혹시 그 옷에 종속되거나 묶여 있는 것은 아닌가?
혹시 그렇게 묶일 수 있다고 생각하고 있지는 않은가?

그대의 영혼은 어떤 옷이든 입을 수 있지만
그 옷이 자신이라고 생각하지 마라.
그렇다고 해서 그 옷을 함부로 대하라는 말은 아니다.
그대가 선택한 옷은 그 귀한 역할만큼 대접받을 자격이 있다.

하지만 옷이 곧 그대라고 생각한다면
그대가 옷의 일부라고 생각한다면
그대도 옷도 아름다움을 잃어버린다.

아픔으로 증명해야 하는

아픔으로 자신을 증명해야 하는 존재들이 있다.
그들이 삶에서 배운 것은 아픔과 상처뿐이다.
아픔을 통해서만 존재한다는 것을 느낄 수 있는 그들은
그들의 아픔이 누군가를 통해서 표현될 때
거울처럼 그것을 바라보며 겨우 자신의 존재를 확인한다.
하지만 그런 것이 즐거울까?
그들 역시 즐겁지 않다는 것을 알고 있지만

달리 다른 방법을 알지 못한다.

혹시 아픔으로 자신을 증명하려는 존재가 있으면
언제나 이렇게 말해 주어라.

'당신은 사랑입니다. 당신은 위대하고도 아름다운 우주입니다.'

병 주고 약 주고

새로운 병이 나타난다.
새로운 약이 나타난다.
병이 있으면 약이 있다.
이것이 우주의 법칙이다.
병과 약은 쌍둥이처럼 함께 태어난다.

새로운 문제가 나타난다.
새로운 해결책이 나타난다.
문제가 있으면 해결책이 있다.
이것이 우주의 법칙이다.
문제와 해결책은 함께 태어나기를 갈구했던 에너지이다.

외로워하지 않아도 좋다.
외로움이 그대에게 나타났다는 것은
함께하는 사랑도 이미 태어났다는 것이다.

괴로워하지 않아도 좋다.
괴로움이 그대에게 나타났다는 것은
비길 수 없는 즐거움도 이미 태어났다는 것이다.

그들 쌍둥이들은 그리 많은 거리를 두고 오지는 않는다.
그대가 하나를 보았다면
다른 하나를 보게 될 날도 머지않았다.

재림예수

예수님께서 이 땅에 다시 온다면
그대는 예수님을 알아볼 눈이 있는가?
다시 예전과 같은 얼굴로 오리라 믿는가?

그대가 예수님을 알아볼 수 있는 눈을 떴을 때
문득 그대는 알게 될 것이다.
그대가 세상에서 만나 온 수많은 사람들이

바로 재림예수였다는 기막힌 사실을…

보이지 않는 그들 1

눈에 보이지 않는 존재가 있다.
많은 영화나 다큐멘터리의 소재가 된 바로 그들이다.
그들은 남편이거나 아내이거나 자식이거나 부모이거나
친구이거나 연인이거나 원수이거나
어쩌면 아무런 연관이 없는 사람일 수도 있다.
다만 이 세상에는 이제 존재하지 않는 사람들이라는 것이다.

많은 이들이 말한다.
이미 존재하지 않는 사람들의 기운이 느껴진다고
그리하여 몸이 아프거나 기분이 언짢다고
하지만, 과연 그럴까?

이 견해에는 상당히 많은 것들을 동원해야만 한다.
먼저 삶과 죽음에 대한 그대의 생각을 알아야 한다.
말해 보라.
그대는 죽음을 어떻게 받아들이는가?
죽음은 무엇인가?

죽음은 어둠인가?
죽음은 고통인가?

물론 죽음에 이르는 과정이 고통일 수는 있다.
하지만 죽음 자체는 그대가 생각하는 그런 것이 아니다.
그대의 삶이 숭고하다면
그대의 죽음 역시 숭고하다.
그대가 죽음을 초라하고 불행하며 어두운 것으로 인식한다면
그대의 삶 역시 초라하고 불행하며 어두운 것이 되고 만다.

그대의 손을 들어 손바닥을 보라. 손등이 보이는가?
그대의 손을 들어 손등을 보라. 손바닥이 보이는가?
그대는 손등과 손바닥을 동시에 볼 수 없다.
삶과 죽음도 이와 같다.
단지 하나의 존재양식을 따를 때
다른 것이 마치 존재하지 않는 것처럼 느껴지는 것일 뿐이다.

이제 눈을 감고 손을 느껴 보라.
손바닥이 느껴지는가?
손등이 느껴지는가?
아니다.
분명히 그대는 손바닥이나 손등으로 분별된 느낌이 아닌
손 그 자체를 느끼고 있을 것이다.

삶과 죽음이 그대 존재의 반복되는 양식일 뿐이라는 것을 안다면
얼마나 터무니없는 것이
그대의 머릿속에 존재해 왔는지 알게 될 것이다.

보이지 않는 그들 2

죽음에 대한 그대의 생각이 조금 바뀌었다면
이제 한결 이야기하기가 쉬워졌다.

보이지 않는 그들은 일차적으로 그대의 두려움이 만들어 낸다.
하지만 그대의 두려움만으로 그런 것들을 만들기란 불가능하다.
그대의 두려움은 단지 안테나 역할을 할 뿐이다.
그대의 두려움은 공간의 각종 상념 에너지를 끌어 모은다.
에너지가 어느 정도 모이게 되면
그 에너지는 어느 정도의 밀도를 가지게 되고
그때쯤 예민한 그대는 반응하기 시작한다.

누군가 뒤에 있다.
뭔가 보인다.
뭔가 들린다.

하지만 어쨌단 말인가?

그대는 삶 속에서 언제나 그런 것들을 느끼고 살아오지 않았나?

단지 몸이 없다고 해서

그대에게 한낱 공포의 대상으로 보이고 싶은 존재는 없다.

게다가 그대가 느끼는 그것은 단지 상념 에너지에 불과하다.

실제로 보고 들리는 데 어떡하라고요?

물론 그렇다.

난 그대가 느낀 것을 환상이라고 몰아붙이는 것이 아니다.

오히려 누구보다 그대의 말을 믿는다.

하지만 명심해야 한다.

우주는 다원적이다.

그대가 생각하는 차원만이 전부가 아니다.

그대가 인지할 수 있는 차원은

아주 미미한 부분뿐임을 알아야 한다.

그대에게 일어나는 현상을 해결할 것이 아니라

그대의 의식을 바꾸어야 한다.

간혹 강력한 상념 에너지가 있을 수도 있다.

하지만 안심해도 좋다.

그대는 단지

'당신의 근원은 사랑입니다. 사랑이야말로 당신의 실체입니다.
더는 아픔으로 당신을 증명하지 마세요.
당신은 자유로운 존재, 자유로운 생명, 자유로운 영혼입니다.'
라고 말해 주기만 하면 된다.

그대는 의문스러울 것이다.
단지 상념 에너지에 불과하다면서 왜 실체를 대하듯이 할까?

잊었는가? 그대는 연극을 하고 있다는 것을…
그렇다. 단지 유용한 연극을 하자는 것이다.
연극이라는 말과 거짓이라는 말을 혼동하지 마라.

그대의 삶이 연극이라면 그대가 느끼는 모든 것 역시 연극이다.
그대는 단지 배우일 뿐 아니라 감독이기도 하다는 것을
다시 기억하라.

보이지 않는 그들 3

몸을 떠난 영혼이 살아 있는 자신의 가족이나 친구에게
무언가를 요구할 것이라고 생각하는가?
영혼이 무언가 부족함을 느낄 것이라는 생각은

아주 오래된 인류 의식에 속한다.

자, 긴 드라마를 다 찍고 종방연에 참석한 배우가 있다.
너무나 긴 여정이었다. 분명 배우는 홀가분함을 느낄 것이다.
물론 아쉬움이나 애환도 있다.
하지만 그렇다고 해서 이미 찍은 드라마를 다시 찍는 일은 없다.

그대는 삶이라는 무대에 던져진 배우 아니던가?
그대의 종방연은 어떨 거라고 생각하는가?
그대의 삶에 아쉬움은 없다.
왜냐하면 그대는 연극이 끝나는 순간
배역에서 벗어나 배우로 돌아가기 때문이다.
배우는 물론 자신의 연기가 불만스러울 수도 있다.
하지만 그것은 다음 작품에서
더욱 열정적인 연기로 나타나는 것이지
이미 찍은 드라마를 다시 찍지는 않는다.

우주와 그대는 1:1 대응관계이다.
그대가 생각하면 우주는 반응한다.
그대가 생각하는 그 에너지에 우주는 그대로 반응한다.

어디론가 떠나보내는 것이 아니다.
드라마를 다 찍은 배우를 어디론가 보내는 것은 아니지 않은가?

단지 그 배우는 그 배역을 다 마쳤을 뿐이다.

자, 이야기가 길어졌다.
그대는 지금쯤 눈치를 채야 한다.
오로지 그대의 의식이 우주를 만든다.
그대는 우주의 일원임과 동시에 경영자다.

그대에게 보이지 않는 존재들은 역시 그대 자신의 모습이다.
모든 것은 '나'이기 때문이다.

믿거나 말거나

사랑하는 남녀가 있다.
어느 날 남자가 돌이킬 수 없는 실수를 했다.
평소의 그로서는 상상할 수도 없는 이상한 모습을
여자에게 보이고 말았다.
남자는 아무리 생각해도 자신이 왜 그런 행동을 했는지
알 수가 없다.
어떻게 된 일인가?

여자의 곁에 일단의 영혼들이 있었다.

그들은 그 남자가 마음에 들지 않았다.
여자를 불행하게 할 거라고 생각했다.
그리하여 잠시 남자의 의식에 침입하여
평소에는 도저히 할 수 없는 행동을 하게 만든 것이다.

반대의 경우도 있다.
남자의 곁에 일단의 영혼들이 있었다.
그들은 그 여자가 마음에 들지 않았다.
남자를 불행하게 할 거라고 생각했다.
그리하여 잠시 남자의 행동을 조정한 것이다.
실망한 여자가 떠나 버리도록…

중요한 계약이 사소한 실수로 깨지는 경우가 있다.
차 열쇠를 두고 주차장에 왔다가
다시 올라갔다 오느라 늦어지고
그 사이 주차장 앞에서는
큰 사고가 벌어지는 경우도 있다.

계약이 성사되었으면 결국 더 큰 불이익을 볼 수도 있었다.
차 열쇠를 잊어버리지 않았으면 사고를 당할 수도 있었다.

이 모든 것들은
'그대를 지키는 영혼들'의 손에서 이루어지기도 한다.

하지만 그들의 판단이 언제나 옳은 것은 아니다.
기껏 도와주고자 한 행위들이
영혼의 중대한 선택을 방해할 수도 있다.
겪어야 할 실패를 겪지 않음으로써
겪어야 할 아픔을 겪지 않음으로써
그대의 삶이 크게 어긋날 수도 있는 것이다.

그리하여 그대를 지키는 무리(?)들이 교체된다.
좀 더 그대 영혼의 의지를 존중하는 무리들로 교체된다.

그대를 바라보고 응원하되
그대의 삶에 개입하지 않으며
꼭 필요한 경우에
그대의 선택을 어긋나게 하지 않는 범위 내에서
꼭 필요한 도움을 줄 수 있는
정확한 판단력을 가진 무리들로 교체된다.

이제 그대는 천사들의 보살핌을 받고 있는 것이다.

주인 없는 마음

주인 없는 마음들이 있다.
많은 사람들이 저마다의 마음을 만들어 내고서는 돌보지 않는다.

그대는 그대가 만든 마음에 책임을 지는가?
주인 없는 마음을 만들어 내고 있지는 않은가?
주인 없는 마음들은 새로운 주인을 찾아 떠돌아다닌다.
옛 주인이 자신을 만들 때와
비슷한 자세를 가진 사람을 찾는 것이다.
찾고 보면 새로운 주인을 필요로 했던 마음이
한둘이 아님을 알게 된다.
이미 새 주인에게는 비슷비슷한 마음들이 가득하다.
마음들은 주인을 움직일 수 없다.
하지만 유유상종(類類相從)으로 모여 힘이 커진 마음들이
때로 주인을 움직이기도 한다.
마음들의 반란이다.
마음들의 자구책(自救策)이기도 하다.
마음들도 존재의 이유를 알고 싶은 것이다.

오늘도 그대가 무심코 버린 마음들이 거리를 헤매 다닌다.
보람 있게 써 줄 주인을 찾는 것이다.
쓰고 나서 아름답게 정화해 줄 수 있는 주인을 찾는 것이다.

쓰고 나서 지고의 가치로 승화시켜 줄 수 있는
주인을 찾는 것이다.

그대여…
쓰고 난 마음들에게도 그대의 사랑이 필요하다.
그대의 마음들이 주인 없는 마음이 되어 거리를 떠돌지 않도록
지켜보라.
마음은 아무런 죄가 없다.
그대가 원하는 방식으로 만들어진 우주의 에너지일 뿐이다.
스스로 만들어 낸 마음에 놀라지 마라.
감당 못할 마음을 만들어 놓고서 나 몰라라 버리지 마라.

버림받은 아픔으로 인하여
누군가에게 사랑을 구걸하는 마음이 되지 않도록
그대의 마음들을 사랑으로 이끌어라.
아프고 고독하며 참담했던 마음들
상처받고 숨기며 도망쳤던 마음들
이제 그대의 넉넉한 가슴으로 안아 주어라.

그대가 그대의 마음에 책임질 수 있을 때
존재의 자유가 그대와 함께 하는 것이다.

전생

'전생이란 게 정말 있나?'
그대들이 숱하게 물어 온 질문이다.
'있다면 있고 없다면 없다.'는 대답으로 피해 가려니
그대들의 원성이 두렵다.
그대가 TV에서 하나의 드라마를 보고 있을 때
수십, 수백의 다른 채널에서도 온갖 드라마를 틀어 주고 있다.
다만 그대가 지금 원하는 것을 볼 뿐이다.

한 드라마가 끝난다.
그대는 채널을 돌릴 수 있는 자격을 얻었다.
가끔 이리저리 채널을 바꾸어 가며 드라마를 보는 사람도 있다.
슬그머니 지금 보는 드라마의 배우가
예전에 출연했던 드라마를 엿볼 때도 있다.
하지만 그대가 주목하는 드라마는 역시 지금의 드라마다.
동시 상영되는 수백 개의 채널을
그대가 선택하는 방식으로
편의상 만들어진 시간의 좌표 위에 늘어놓는다.
그대가 먼저 선택한 것이 그대가 '전생'이라고 인식하는 드라마다.
인과가 있는 것처럼 보이기도 한다.
엄연히 순서가 있는 거라고 말하고 싶을 것이다.

하지만 깨닫고 나서
그 깨달음을 확인시켜 줄 경험을 원할 수도 있다.
결국 그대의 시간은 '편의상'에 지나지 않는다.

그대뿐이랴.
우주가 흘러가는 방식도 그대와 다르지 않다.
그대가 우주 아니던가!

전생이 없다는 말은 드라마가 없다는 것이 아니다.
다만 그것이 절대 과거의 사건일 수만은 없다는 말이다.
그대의 현재에는 이처럼 과거와 미래가 공존하고 있는 것이다.
다른 채널을 기웃거리느라 현재의 드라마를 놓쳐 버리면
그대가 다른 채널을 살며 궁금해할 하나의 드라마가
망가져 버릴 수도 있다.
그리하여 그대의 현재는 유일한 드라마가 되어야 한다.
그것이 모든 채널의 드라마를 값지게 하는 일이다.

누가 그대의 스승인가

그대를 마냥 어린아이처럼 웃게 하는 이가
바로 그대의 스승이다.

그대의 심각함은 오랜 습관이다.
그 습관을 깨어 주려 더 무거운 심각함을
그대에게 던져 주는 스승이 있을지도 모른다.
하지만 그것은 그 심각함을 지나
그대가 더욱 즐거워지기를 바라는 것이다.

그대를 순수하게 만드는 이 누구인가?
그대를 아름답게 바라보는 이 누구인가?
그대를 한없는 사랑으로 느끼게 하는 이 누구인가?

죄인

진리에 대하여 듣고 나서
그대 또는 그대 주변의 사람이 죄인이 되어야 한다면
처음 들었던 그것은 올바른 진리가 아니다.

선에 대하여 듣고 나서
그대 또는 그대 주변의 사람이 악이 되어야 한다면
처음 들었던 그것은 올바른 선이 아니다.

완전함에 대하여 듣고 나서

그대 또는 그대 주변의 불완전함이 보인다면
처음 들었던 그것은 올바른 완전함이 아니다.

아니, 어쩌면 하나같이 그대가 잘못 들은 건지도 모른다.

원시인이 돌도끼 차고

늘 부모 세대의 뜻대로 완벽히 따르는 세대만 있었다면
지금쯤 세상은 어떻게 되었을까?

다음 세대는 부모를 거스르기 위해서 태어난다.
그 거스름을 반항이 아닌 창조의 생명력으로 보아야 한다.

먼 옛날 원시시대에도 어른들이 서넛 모이면
이렇게 말했다.
"요즘, 젊은 것들은 버릇이 없어."
"세상이 어떻게 되려고 하는지… 쯧쯧… 걱정일세."

그대가 아이를 낳아도
'그대의 자식'은 세상에 존재하지 않는다.
그대의 아이가 또 아이를 낳고 또 낳아도

'그대의 자식'은 세상에 존재하지 않는다.

그대의 자식은 그대의 소유물이 아니다.

그대가 그대의 생각대로만 그대의 아이를 이끌려고 한다면

그대의 자식은 세상에 태어날 이유를 잃어버리고 만다.

사랑하라.

하지만 소유하지 마라.

사랑은 소유가 아니라 자유다.

우주가 키운다

자식이 태어났다.

걱정스러운 눈으로 바라본다.

온전히 세상을 살아갈 수 있을 때까지

하지만 그대여, 아무런 걱정도 하지 말지니…

그대 혼자서 만든 생명이 아니라

우주가 함께 만든 생명임을 자각하라.

우주가 만든 생명은 언제나 우주가 함께 돌보고 키우는 것.

그대는 어찌하여 그대 혼자서 만든 생명이 아닐진대

그 생명의 장래를 걱정하는가.

내 것이라고 느낄 때 그대는 걱정해야만 한다.

그러나 내 것이 아니라 우주의 것일 때
그대는 모든 걱정으로부터 해방된다.
즐겨라.
모든 생명의 자유로움과… 위대함과… 아름다움을…

새 시대 새 교육

그대는
국어를 배웠지만 말하는 법은 모른다.
국어를 배웠지만 글 쓰는 법은 모른다.
윤리를 배웠지만 더불어 사는 법을 모른다.
사회를 배웠지만 세상을 이해하는 법을 모른다.

그 무엇보다 사랑에 대하여 가르쳐야 한다.
왜 태어나는지 왜 살아가는지 왜 죽어 가는지에 대하여
가르쳐야 한다.
인생은 아름다운 연극임을 가르쳐야 한다.
서로가 서로에게 얼마나 소중한 역할을 하고 있는지를
가르쳐야 한다.
표현하고 싶은 사랑을 제대로 전달할 수 있도록
말로써 사랑을 전달하는 법을 가르쳐야 한다.

표현하고 싶은 사랑을 제대로 전달할 수 있도록
글로써 사랑을 전달하는 법을 가르쳐야 한다.
하나의 지구에서 더불어 사랑을 나누며 살아가는 법과
거대한 연극무대로서의 세상을 이해하는 법을 가르쳐야 한다.

학교에서 하지 못한다면
그대의 가정에서
그대의 자녀들에게 그렇게 가르쳐야 한다.
위대한 창조의 법칙과
아름다운 사랑의 법칙과
경이로운 생명의 법칙에 대하여…

내 탓이오

'내 탓이오.'
얼마나 숭고한가.
온통 남의 탓으로 가득한 세상에서
'내 탓이오.'를 외칠 수 있다는 것은
대단히 아름다운 일이다.
하지만… 하지만…
나와 네가 같다면?

'내 탓이오.'는 결국 너의 탓이 된다.
우주는 때로 냉정하다.
방향만 다를 뿐 '탓'이라는 에너지가 창조되었음에는 변함이 없다.

명상을 하다 보면
어떤 것에도 탓할 것이 없어짐을
느끼게 된다.

'내 탓이오.'의 숭고한 가르침을
외면하라는 말이 아니다.

그대에게 더는 탓할 것이 없다.
탓할 것이 사라져 버렸다.

그대는 그대의 우주를 탓으로 가득 채우고 싶은가?
아니면 그대의 우주를 사랑으로 가득 채우고 싶은가?
결정하라.
그대가 아니면 이 우주는 아무것도 할 수가 없다.

무엇이 아니라 어떻게

그대는 '무엇'을 중요시하도록 교육받았다.
그대는 그대 인생의 중요한 가치가
언제나 '무엇'에 의해 좌우된다고 믿는다.
물론 '무엇'은 대단히 중요하다.
하지만 '무엇'보다 더 중요한 것은 '어떻게'이다.

그대가 정말 행복했던 순간을 생각해 보라.
그대는 그대가 좋아하는 무엇을 하면서 행복했을 것이다.
하지만 그대는 그대가 좋아하는 무엇을 하면서
즐겁지 않았던 때도 있다.
그대는 그대가 싫어하는 무엇을 하면서 괴로웠을 것이다.
하지만 그대는 그대가 싫어하는 무엇을 하면서도
즐거웠던 적이 있다.
그것은 그대가 '무엇'이 아닌 '어떻게'의 가치를 가지고
행동했던 때이다.

그대는 싫어하는 노동을 하면서도 얼마든지 즐거웠다.
그대가 현재를 떠나서 과거와 미래를 떠다닐 때
힘들었다.
그대가
또 다른 그대인 타인을 위하여 비지땀을 흘리고

순수한 사랑 속에서 아프고 외로웠을지라도
사랑과 열정 속에서 그대의 삶을 열심히 살고 있었으므로
행복했다.

그대는 삶에서 '어떻게'의 가치를 아는 만큼
행복할 자격이 있다.

다 알고 있다

아기가 언어를 배워 가는 과정은 불가사의하다.
하나의 단어를 설명하려면
다른 여러 가지 단어를 동원해야만 한다.
그 단어들을 설명하려면 또 다른 많은 단어들이 필요하고
결국 하나의 단어를 설명하기 위하여
사전에 있는 모든 단어가 동원되어야만 한다.

하나의 단어도 모르는 아기에게
사전에 있는 모든 단어를 어떻게 가르칠 것인가?
그렇다. 아기는 이미 알고 있는 것이다.
이미 알고 있는 것이 아니면 가르친다는 것은 불가능하다.

그대도 마찬가지다.

그대가 이미 알고 있는 것이 아니라면

그대에게 뭔가를 가르친다는 것은 불가능하다.

결국 가르침은

이미 알고 있는 사실을 확인시키는 것에 다름 아닌 것이다.

그대는 이미 알고 있다.

그것이 그대가 흡족해할 만한 언어나 문자로

표현되지 않는다고 해서

모른다고 말하지 마라.

그대가 언어나 문자를 고집하는 한

그대는 아무것도 알 수 없다.

그대가 언어나 문자를 고집하지 않는다면

그대는 이미 모든 것을 알고 있는 것이다.

익숙한 언어나 문자의 조합을 가지고서

다 알고 있다고 생각하는 사람은

오히려 모르는 것이다.

자신의 진정한 가치를, 앎을 확인하지 않고 있는 것이다.

그대여, 그대 내면에 무한의 바다가 있다.

그대가 상상도 못할 만큼 엄청난 것이

그 바다 속에 있다면 믿겠는가?

공부 잘하는 아이

공부 잘하는 아이로 키우고 싶은가?
그렇다면 공부 잘할 수 있는 아이로 키워라.
아이를 부자로 키우고 싶은가?
그렇다면 부자가 될 수 있는 아이로 키워라.

만약 그대가 아이의 장래를 결정해 놓는다면
그대의 즐거움은 커질지 모르지만
아이는 자신의 삶에서 생명을 느낄 수 없다.
우주의 모든 존재는 자유 의지를 가지고 있다.
모든 존재는 자유 의지가 침해당하는 것을 가장 못 견뎌 한다.

그대가 그대의 아이에게 해주어야 할 일은
무한의 가능성을 열어 주는 것이다.
가능성의 결과물로 키우는 것은
아이를 그대의 소유물로 만들어 숨통을 죄는 것이다.

A. 찰흙 한 덩어리를 주며
"네가 원하는 호랑이를 만들어 보렴."
B. 찰흙 한 덩어리를 호랑이로 만들어 놓고
"어때? 네가 원하는 호랑이 맞지? 이걸 줄게."

그대는 어떤가?

그대는 좋은 찰흙을 제공해 줄 수 있다.
훌륭한 도구를 옆에 가만히 놓아둘 수도 있다.
하지만 도구에도 지켜야 할 규칙은 있다.
찍어내면 호랑이가 되는 틀 따위의 것은
도구의 한계를 지나친 것이다.
그대는 단지 주걱과 호랑이 그림이 입체적으로 잘 그려진
그림책 하나를 주면 된다.
물론 그대는
아이가 스스로 찰흙을 구하게 하고
호랑이 그림을 구하게 놔두어도 된다.
믿음을 가지고 지켜 보라.
그대의 믿음은
그 어떤 것보다 아이에게 훌륭한 도구가 될 것이다.

자, 이제 C의 방법이 생겼다.
"자, 찰흙이 여기 있어. 네가 원하는 건 뭐든지 만들어 보렴."
아이가 얼토당토 않는 것을 만들 수도 있다거나
아예 아무것도 만들지 못할 거라는 불안은
오로지 그대가 만들어 낸 것일 뿐이다.
아이에게 불안을 가르치지 마라.

먼저 아름다움을 가르쳐라

아이에게 불의 활용법을 가르쳐라.
불의 작용과 위대함에 대해서 가르쳐라.
불이 어떻게 세상을 아름답게 이롭게 만드는지 가르쳐라.
충분히 불의 아름다움에 대해 아이가 이해했을 때
조심해서 불을 쓰는 법을 가르쳐라.

불이 위험하다는 것을 먼저 가르치면
아이의 지식과 지혜는 불안에서 출발하게 된다.
그 불안은 불에서 얻을 수 있는 이득마저
위태로운 것으로 받아들이게 만든다.
아름다움에 대해 먼저 가르치면
아이는 불을 훌륭한 도구로 쓰기 위해
조심하는 법을 터득하게 될 것이다.

이것이 그대의 아이가 가진 무한의 가능성을 열어 주는 방법이다.

그대의 안타까움

아이가 다섯 살 때

많은 장난감을 아이에게 사주지 못했다.

아이가 열다섯 살 때

좋은 학원에 보내지 못했다.

마음이 아프다. 안타깝다.

"마음이 아파. 네게 더 좋은 환경을 주지 못해서 미안해."

"더 잘할 수 있을 텐데 내가 뒷바라지를 못해 줘서 미안해."

그대는 그대의 부족함 때문에

아이가 뒤떨어질 거라는 불안을 가지고 있다.

하지만 정작 아이에게 가장 독이 되는 것은

그대의 안타까움이다.

그대의 안타까움은 심각한 에너지의 골을 만들어 낸다.

한쪽으로 몰고 가는 것이다.

그대는 사랑이라는 핑계로

아이에게 끊임없이 부정을 심고 있는 것이다.

창조주가 만든 장난감이

인간이 만든 장난감보다 못하리라 생각하는가?

창조주가 부여해 준 가능성이

인간이 만든 교육 체계보다 못하리라 생각하는가?

물론 창조주는 인간의 손을 빌려

훌륭한 장난감을 세상에 내어놓기도 한다.

물론 창조주는 인간의 의식을 빌려

훌륭한 교육 체계를 세상에 내어놓기도 한다.

하지만 그건 하나의 방식일 뿐이다.

그것만이 유일하다고 생각하면 곤란하다.

아이는 그대가 한정 짓는 만큼 어리석지 않다.

그대는 먼저 무한의 가능성을 보아주어야 한다.

이것이 가장 중요한 것이다.

이것이 선행되지 않으면

그대의 안타까움은 하나같이 독이 되고 만다.

그대의 만족을 위해서

허영을 위해서

아이들이 존재하는 것이 아니다.

그대는 아이들의 무한한 가치를 보아주기 위해 옆에 있는 것이다.

창조주의 사랑을 믿으라.

의미 없이 태어나는 존재는 없다.

무한의 사랑과 기쁨을 가지고 태어난 아이들이다.

그대는 다만 그것을 긍정하기만 하면 된다.

총명하게 키워라

총명은 귀 밝을 총(聰)과 눈 밝을 명(明)이다.

바로 청각 집중력과 시각 집중력인 것이다.
이 두 가지만 그대의 아이에게 가르쳐 주어라.
그대의 아이에게 가장 강력한 도구가 될 것이다.

이기고 싶다면

누군가를 이기고 싶은가?
누군가를 넘어서고 싶은가?
누군가를 극복하고 싶은가?
아들은 아버지를,
후배는 선배를,
제자는 스승을 넘어서야 한다.
이겨야 한다.
어떻게 해야 하는가?
좀 더 열심히
좀 더 부지런히
닦고 뛰고 생각하면 될까?
훌륭한 방법들이다.
이기는 데에 도움이 될 것이다.

하지만 명심해야 할 것은 따로 있다.

그대여

정말 넘어서고 싶은 사람이 있다면

세상 누구보다 그 사람을 사랑하라.

세상에서 그 사람을 가장 사랑하는 사람이 되라.

그대 앞에서 거인이 무너질 것이다.

아니 무너지면 안 된다.

단지 그대 앞에서 그 사람은 더는 거인이 아니다.

그토록 거대해 보이고

그토록 굳세 보이던 그 사람을 넘어서

우뚝 선 그대를 보게 될 것이다.

그대의 사랑은 누구든 이길 수 있는 힘을 가지고 있다.

그대가 사랑으로 누군가를 이길 때

이제 더 이상 거인이 아닌 그 사람이

아낌없이 그대에게 박수를 보낼 것이다.

알고 있는 것만 읽을 수 있다

새로운 책을 읽는다.

새로운 정보를 얻는다.

하지만 그대의 삶과 영혼에 대해 쓴 책이라면 어떨까?
그대가 알고 있는 만큼만 읽게 된다.
그대가 모르는 것은 읽을 수 없다.

책을 읽어 새로운 것을 알게 되는 것이 아니라
그대가 삶과 영혼에 대해서 아는 것만큼만
읽게 되는 것이다.

그대의 가슴을 울렸던 책을 다시 한 번 읽어 보라.
전혀 다른 느낌으로 다가온다면
그대가 성장했다는 증거다.

수많은 책을 읽었다고 해서
그대가 그만큼 성장되었다는 보장은 어디에도 없다.
단 한 권의 책도 읽지 않았을지라도
단지 확인하지 않았을 뿐
그대의 성찰과 성장과는 아무런 상관이 없다.

그대가 확인한 만큼만 책을 읽을 수 있다.
그대가 확인하지 못한 것까지도 읽을 수 있다면
수많은 경전과 진리의 말씀이 왜 그토록 무기력했는지
설명할 수가 없는 것이다.

그대가 어느 날 문득
그대를 스쳐 지나가는 바람의 의미를 알게 되었다면
그대의 손에 닿는 아무 책이라도 좋으니 한번 펼쳐 보라.
바로 그곳에 바람의 의미에 대해서 적혀 있을 것이다.

누가 열쇠를 가지고 있는가

'무엇'과 '어떻게'의 차이는 무엇인가?

'무엇'의 인생을 살아갈 때
행복의 주권은 외부의 상황이 가지고 있다.
그대는 상황에 따라서 행복할 수도 불행할 수도 있다.
'어떻게'의 인생을 살아갈 때
즐거움의 주권은 온전히 그대가 가지고 있다.

'무엇' 역시 그대가 선택하는 것이다.
하지만 그대가 선택한 것에 그대의 주권을 넘겨줘서는 안 된다.
그대의 주권은 언제나 그대에게 있어야만 한다.

그대의 삶이 자물쇠라면
그 열쇠는 오로지 그대만이 가지고 있어야 한다.

이것이 우주의 숭고한 뜻이다.

기억하라.
열쇠를 넘겨주는 순간
그대는 노예가 된다.

불혹

40이 되어 불혹(不惑)이 된다.
옳고 그름의 시비보다는
그 안에 담겨진 사랑을 볼 수 있다는 말이다.

50이 되어 지천명(知天命)이 된다.
자신이 태어난 이유를 알게 된다는 것이다.
사명이나 업적을 말하는 것이 아니다.
오로지 사랑을 확인하기 위해서 태어났다는 것을
알게 되는 것이다.

60이 되어 이순(耳順)이 된다.
세상을 받아들일 수 있다는 말이다.
모든 것이 눈부시게 제 역할을 다하고 있음을 알게 되는 것이다.

70이 되어 종심(從心)이 된다.
너와 내가 하나라는 것을 알게 되는 것이다.
숱한 역할들은 하나같이 나의 모습일 뿐이라는 것을
우주는 오로지 수많은 '나'를 만들어 놓고 짐짓 펼쳐 본
아름다운 한 폭의 꿈이라는 것을 알게 되는 것이다

§

40~70은 나이가 아니다.
그대가 스스로의 아름다움을 알게 된 퍼센트(%)이다.

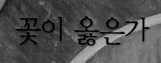

꽃이 옳은가

바라보라, 그저 웃음이 나올 때까지

슬프다.

화가 난다.

힘들다.

견딜 수 없이 가슴이 아프다.

모든 것이 허망하기만 하다.

그저 바라보아라.

웃음이 나올 때까지

애써 가라앉히려 하지 말고

외면하지도 말고

그저 바라보아라.

그대의 영혼이 미소로 그대의 가슴을 치유할 때까지

모르고 쏴도 총알은 나간다

그대에게 총이 있다.
그대는 그것이 무얼 하는 도구인지 모른다.
그대가 방아쇠를 당긴다.
총알이 나간다.
마침 그 앞에 누군가가 있다면
그 사람은 예사롭지 않은 운명을 맞이해야 할 것이다.

그대에게 총이 있다.
그대는 그것이 무얼 하는 도구인지 잘 안다.
그대가 방아쇠를 당긴다.
총알이 나간다.
그대가 누군가를 겨냥했고 그대의 사격 솜씨가 쓸 만하다면
그 누군가 역시 예사롭지 않은 운명을 맞이해야 할 것이다.

자, 그대가 총이 어떤 것이라는 것을 알든 모르든 총알은 나간다.
발사된 총알은 쏜 사람이 누구냐는 것과는 상관없이
제 앞길을 가로막는 사람을 다치게 만들 것이다.

그대에게 창조력이 주어졌다.
그대는 그것이 무얼 하는 도구인지 모른다.
하지만 그 창조력은

그대의 말과 그대의 생각과 그대의 눈과 그대의 귀로
수많은 것을 창조해 낸다.
그대에게 부여된 창조력이 있다는 것을 그대가 알든 모르든
그대는 많은 것을 창조하고 있는 것이다.

그대가 그대의 창조력을 더 잘 쓰기 위해서는
먼저 그대가 창조력을 가지고 있다는 것을 인식해야 하며
그 다음, 그대가 원하는 방향으로
그대의 창조력을 쓰는 법을 배워야 한다.
기억하라.
그대의 눈짓 하나가 세상을 바꾼다.

무시하라

그대의 미움과 집착이 그대를 속박하는가?
무시하라.
그대의 미움은 사랑의 그림자에 불과하며
그대의 집착은 의식의 관성에 불과하다.
하지만 무시한 결과가 오히려
그대를 힘겹게 만든다면
당분간 그대는 그 미움과 집착 속에 있어야만 한다.

그대의 예의와 염치가 그대를 속박하는가?

무시하라.

그대는 원래 그것들에게 속박당할 만큼 어리석지 않다.

하지만 무시한 결과가 오히려

그대를 속박하고 힘들게 만든다면

그대는 싫든 좋든 다시 예의와 염치를 가져야 한다.

그대의 지식과 지혜가 그대를 속박하는가?

무시하라.

그대는 보다 본질적인 지식과 지혜를 가질 자격이 있는 존재다.

하지만 무시한 결과가 오히려

그대와 그대가 속한 세상을 어렵게 만든다면

그대는 싫든 좋든 다시 지식과 지혜를 가져야 한다.

그대의 수행과 도덕이 그대를 속박하는가?

무시하라.

그대는 수행의 결과물을 이미 가지고 있으며

도덕의 근원을 이미 알고 있다.

하지만 무시한 결과가 오히려

그대를 무료하게 만들거나 무기력하게 만든다면

그대는 싫든 좋든 다시 수행과 도덕을 가져야 한다.

그대는 자유롭다.

하지만 그대의 자유가 오히려
그대의 아름다움을 방해한다면
그대는 싫든 좋든 그대를 묶어 둘 뭔가를 찾아야 한다.

그대여
자유를 꿈꾸는가?
그렇다면 그대는 모든 명제를 무시하고도
그대의 진정한 생명을 드러냄에 즐거워야 하고
그대의 진짜 아름다움을 꽃피움에 눈물겨워야 하고
그대의 사랑에 언제나 당당해야 한다.
당당함은
세상의 염치와 지식과 지혜와 도덕으로 판단되는 것이 아니다.
그런 것으로부터 인정받은 당당함은 진정한 것이 아니다.
그대는 존재의 즐거움으로부터 당당함을 비추어 내야 한다.

무시하고 또 무시하라.
그대를 속박하고 있는 모든 것을 무시하라.
그러다 문득 그대는 깨닫게 될 것이다.
그대를 속박해 온 모든 것이
사실은 존재하지도 않는다는 기막힌 사실을…

그대가 사랑으로 모든 것을 바라볼 때
진실로 그대를 속박할 수 있는 것은

아무것도 존재하지 않는다.

꽃이 옳은가

세상이 그대에게 판단을 강요할 때
나지막이 자신에게 물어보라.
"꽃이 옳은가?"

그대는 수많은 아름다움을 놓치고 살았다.
꽃은 옳을 수 없다.
그럼에도 그대는
옳거나 그를 수 없는 것을 두고
언제나 옳거나 그른 것으로 단정 지어 왔다.
아름다움은 어디로 갔는가?

별빛이 옳을 수 없고
사랑이 옳을 수도 없다.

다시 묻는다.
바람이 옳은가?

말은 그대의 몸이다

그대는 몸이 더럽혀지는 걸 지독히 싫어한다.
매일 아침저녁으로 씻고 비싼 자연 성분 화장품으로 다듬고
샤넬로 그 향기를 더한다.

그대의 말은 어떠한가?
말 역시 그대의 몸이라는 걸 안다면
그대가 어떻게 말할지 궁금하다.

그대의 생각과 말 역시 그대의 몸이다.
그러므로 그대의 생각과 말이 뿌려지는 온 우주 역시
그대인 것이다.

자, 이제부터 그대의 몸으로 우주를 채우는 것이다.
아름답게 말하라.
메아리가 아름다울 수 있도록…

1:1

하나의 풀잎보다 더 위대한 아름드리나무는 없다.

하나의 물방울보다 더 아름다운 바다는 없다.

그대보다 더 아름다운 존재는 없다.

그래서 천상천하유아독존(天上天下唯我獨尊)이다.

'나' 아닌 것이 없으니

이 우주에는 오로지 나 홀로 존귀할 수밖에 없는 것 아닌가?

이제 그대는

오로지 그대뿐인 세상을

사랑할 수 있는 자격을 얻었다.

기적

도저히 일어날 수 없는 일이 일어났을 때

기적이 일어났다고 말한다.

하지만 기적은 그런 것이 아니다.

기적은 당연히 일어날 일이 일어나는 것이다.

그러나 그 당연은 그대 머릿속의 습관과는 다르다.

해가 뜨고 해가 지고

가을이 가고 겨울이 온다.

이것이 기적이다.

그대는 유일한 시간과 공간 속에서
하나뿐인 인연과 함께하면서
아직도 기적을 기다리고 있는가?

운수 좋은 날

운이 강하다는 것은
창조력이 더 강하게 작용한다는 뜻이다.
운이 강하다고 해서 갑자기
금은보화와 선남선녀가 쏟아지는 것은 아니다.

혹 그대가 터무니없는 곳에다가 창조력을 쓴다면
그대의 망상이 좀 더 빨리 현실로 나타날지도 모른다.

늘 그대가 무엇을 원하고 있는가를 살펴야 한다.
그렇지 않으면 정작 강한 운을 만났을 때
이상한 것을 만들어 내고 말지도 모른다.

사과가 의문을 가졌다

사과가 어느 날 의문을 가졌다.
'난 누구지?'
사과나무가 생기고 꽃이 피고 열매가 익는다.

그대가 결과라고 생각하는 것이 사실은 원인이기도 한 것이다.
늘 그대는 현재가 과거의 결과라는 생각에 사로잡혀 있다.
하지만 그대의 현재는 과거에 일어났던 일의 원인이 되기도 한다.
그대의 현재 때문에 그대의 과거가 생겨나는 것이다.

현재는 모든 것의 원인이다.
그리하여 그대의 현재는
과거와 미래를 모두 만들어 나가는 힘을 가지고 있는 것이다.

칠각성 그리기

별을 그려 보라.
뿔이 다섯 개인 별을 그려 보라.
마음에 드는가?
다시 뿔이 일곱 개인 별을 그려 보라.

왠지 잘 되지 않는다.
그대의 손마저 굳어 있다.

오직 하나의 세계만이 가능하리라 믿어 왔던 그대가
무수한 세계에 대한 가능성을 볼 수 있을 때
하나의 별이 또 생겨난다.

부자가 되려면

그대는 부자를 미워하고 있다.
그대가 보아 왔던 부자들은 하나같이 인색하고 거만했다.
그래서 그대는 부자를 미워한다.
그대가 보아 왔던 부자들은 하나같이 권위에 충실한 모습이었다.
그래서 그대는 부자를 두려워한다.

부자를 미워하고 두려워하는 그대의 마음은
급기야 '부' 자체를 두려워하고 미워하게 되는 것이다.
물론 그대는 이런 마음을 오래전에 잊어버렸다.
하지만 그대의 내면에 고스란히 간직되어 있다.

부자가 되고 싶다는 그대의 마음은

보다 깊은 곳에서의 불협화음 때문에
정상적인 힘을 발휘하지 못한다.
번번이 그대의 꿈은 암초에 부딪힌다.

어느 날 그대의 두려움과 증오가 눈 녹듯 사라졌을 때
더는 그대가
부자와 부를 미워하거나 두려워하지 않을 수 있을 때
그대는 부자가 될 수 있다.

사실과 진실

그대의 눈에 보이는 모든 것은 사실일 수는 있지만
그 사실이 곧 진실일 수는 없다.

사실은 상황이다.
진실은 상황 속에 감추어진 의미이다.
사실은 연극에서 주어진 배역이다.
진실은 배역을 선택한 영혼의 의지이다.
그대가 '행복'이라는 이름의 연극을 시작했고
그 안에서 어려움과 고독을 헤쳐 나가는 배역을 맡았다면
어려움과 고독은 사실이며

행복은 진실이 되는 것이다.

부디 사실과 진실을 혼동하지 마라.
단지 눈에 보이는 사실을 가지고
그 내면에 숨어 있는 진실의 가치를 외면해서는 안 된다.
그대의 진실은 사랑이다.
그와 같이
그대의 아름다움과 즐거움과 기쁨과 행복 역시 진실이다.
진실을 알게 되는 과정에서
수많은 사실들이 그대에게 나타날 수 있다.
그대가 사실 너머에 있는 진실을 볼 수 있을 때
그대의 삶은 사랑의 빛으로 가득하게 될 것이다.

벼랑

누군가 그대를 벼랑 끝으로 밀고 있다면
그대는 축복을 경험하고 있는 것이다.
그대는 벼랑을 무서워했었다.
벼랑의 끝은 죽음이며 절망이며
결코 넘어서는 안 될 불가침의 영역이었다.

그대 스스로 벼랑 끝으로 발걸음을 옮기기는 어렵다.
하지만 이제 누군가 그대의 의지를 대신하여
서슴없이 그대를 벼랑 끝으로 밀어 버렸다.
이제 그대의 눈에
떨어지지 않고서는 볼 수 없었던
신천지가 보인다.

그대여
그대를 벼랑 끝으로 밀어 버린 사람에게 고마워하라.
그대의 모든 영광을 아낌없이 그 사람에게 바쳐라.
그대를 위하여 악역을 기꺼이 맡아 주었던
그 영혼의 아름다움을 잊지 마라.
그대와 그는 원래 하나였다.

고마움

그대의 인생이
어떻게 그토록 드라마틱하게 그대에게 펼쳐지고 있는지
그대는 아는가?
그대의 삶에서 순간순간 다가오는 것들
때론 과중한 짐일 수도 있고 때론 그대의 두통거리일 수도 있다.

하지만 그대여
그런 순간들 역시 두 번 다시 겪을 수 없는 유일한 순간이다.

그대는 그대와 함께 숨을 쉴 사람이 있다는 것을
그대는 그대와 함께 존재하는 사람이 있다는 것을
그대는 '그대와 함께'가 아니라
언제나 '그대'로만 존재하는 모든 것들을
진정 고마워해야 한다.
마침 그 사람이 여기 있음을 고마워해야 하고
마침 그때가 여기 펼쳐졌음을 고마워해야 한다.

그러던 어느 날 그대는 드디어 알게 될 것이다.
그대가 우주로 퍼뜨린 고마움이
그대에게 되돌아오고 있다는 것을…

명당 만들기

누군가 명당자리를 부탁했다.
나는 이렇게 대답했다.
"먼저 쓰세요. 그런 다음 명당으로 만들면 됩니다."
"네?"

§

명당을 찾을 수 있다면 좋은 일이다.

하지만 자기 자리의 가치마저 알아보지 못하면서 찾는 명당이

무슨 소용이 있는가?

똑같은 바둑판에서

어떤 사람은 알까기를 하고

어떤 사람은 희대의 명승부를 벌이며

흑과 백, 음과 양의 어울림을 연출한다.

누가 어떻게 쓰느냐에 따라서 그 가치는 달라지는 것이다.

명당을 쓰는 것으로 얻어질 수 있는 가치는 무엇인가?

그로 인하여 행복과 즐거움을 맛보고 싶은가?

그렇다면 행복과 즐거움의 기운을

지금 그대가 서 있는 땅에 불어넣어라.

혹은 그대의 먼저 보낸 친구(?)가 있을 땅에 불어넣어라.

단지 그렇다고 믿어라.

믿음은 에너지의 통로다.

믿음은 빨대처럼 우주의 달콤한 에너지를

그대의 공간으로, 마음속으로 빨아들여 줄 것이다.

지금 그대가 있는 곳이 명당이다.

아무도 이 믿음을 해치지 못한다.

온갖 어지러움을 간직한 곳이라도
얼마 지나지 않아 기쁨과 사랑이 가득한 곳으로 변할 것이다.

천국과 지옥

천국은 어디에 있는가?
지옥은 또 어디에 있는가?
흔히 마음속에 천국이 있고 지옥이 있다고 말한다.
하지만 죽어서 가는 천국은 어떡할 건가?

당연히 천국이 있다고 믿는 사람들과
당연히 지옥이 있다고 믿는 사람들의
상념 에너지가 모여 천국과 지옥을 만든다.
그 천국과 지옥은 허상이다.

하지만 실제로 그대의 영혼은 다른 차원으로 이주하고 나서
천국이나 지옥을 보게 될 수도 있다.
나름대로는 꽤 고통스러운 지옥이다.
굳이 말하자면 악몽을 꾸는 정도다.
꽤 즐거운 천국일 수도 있다.
굳이 말하자면 기분 좋은 꿈을 꾸는 정도다.

하지만 실재가 아니다.
게다가 그 천국행과 지옥행을 결정하는 기준이 모호하다.
죄를 지었어도 스스로 죄책감이 없고 뻔뻔한 사람은
지옥에 가지 않는다.
오히려 많은 자선을 쌓았다고 스스로 자부심을 가진다면
천국에 갈 가능성이 많다.
반대로 꽤나 착하게 살았던 사람들은
자신에 대한 도덕적 기준이 엄격하기 때문에
죄책감으로 지옥으로 가게 될 가능성이 많다.

어디까지나 그대의 선택이다.
하지만 그대의 천국은 천국이 아니며
그대의 지옥도 지옥이 아니다.

몸을 벗은 고차원의 세계는
그대가 3차원의 사고방식으로
쉽게 규명하거나 정리할 수 있는 세계가 아니다.
그 세계는 그대가 상상할 수도 없을 만큼
수많은 기회와 경이로움과 아름다움으로 가득 찬 세계다.

천국이나 지옥이 없다고 해서
마음대로 멋대로 살 사람은 없다.
혹시라도 있을 그런 사람을 위하여

그 사람만을 위한 가장 특별한 악몽을 준비해 둬야겠다.

그대는 그대의 천국을 어떻게 꾸미고 싶은가?
그대만의 천국을 상상해 보지만 잠시 후 그대는
그대의 상상력이 대단히 보잘 것 없다는 것을 알게 될 것이다.

그대의 진짜 천국은
사랑으로 볼 수 있는, 그대 눈에 비치는 모든 것이며
사랑으로 들을 수 있는, 그대 귀에 들리는 모든 것이며
사랑으로 느낄 수 있는, 그대 안팎에 있는 모든 것이다.

피카소

피카소는 피카소만 창조한다.
피카소가 그린 모든 그림은 피카소다.
미켈란젤로가 조각한 모든 조각상은 미켈란젤로다.
이 말을 이해할 수 있는가?

그와 똑같이
창조주는 자신과 같은 것을 창조한다.
겉모습을 말하는 게 아니다.

물론 창조주에게 겉모습 따위는 없다.

창조주는 창조주 아닌 것을 만들지 않는다.
그대라는 창조주는 지금 무엇을 만들고 있는가?
그대는 그대 아닌 것을 만들지 않는다.

그대가 그대의 창조력을 알든 모르든
그 영향력이 얼마나 강한 것임을 알든 모르든
그대가 사고하고 의식하는 것은 모두 창조된다.
다만 생각의 밀도와 의식의 차원에 따라
창조된 가치의 힘이 달라지는 것이다.

파도치는 지구

지구는 꽤 울퉁불퉁한 면을 가지고 있다.
산을 깎아 골을 메우려고 하는 것은 독재자의 방식이다.
그대가 생각하는 선과 악의 기준은 어디에 있는가?
그대는 무엇을 깎고 무엇을 메우려고 하는가?

우주공간에서 지구를 바라보면 지구는 그저 둥글다.
그대를 성가시게 하는 불평등은 어디에도 없다.

평화는 밋밋한 게 아니다.
산도 골도 없이 완벽히 미끈한 것을 평화라고 부른다면
처음부터 우주는 태어날 이유가 없는 것이다.
그냥 절대평화, 절대사랑, 절대의식에 머물러 있으면 되는 것이다.
하지만 생명과 사랑의 파도가 우주를 만들어 내었다.
산과 골은 그 파도의 흔적이다.

파도치지 않는 바다는 죽은 바다다.
거대한 생명의 작용을 바라보라.
그대의 지구는 온전히 둥글다.
하지만 그것은 수많은 파도로 이루어져 있다.
어떤 파도도 지구의 둥근 면을 깨뜨릴 만큼 굴곡이 심하지는 않다.
지구가 선택한 것이다.
그대가 그대의 연극을 위하여 선택한 산과 골이다.

부시맨이 나타났다

부시맨이 도시에 나타났다.
부시맨의 눈에는 모든 것이 신기하게 보인다.

그대는 부시맨에게 문명을 가르치려 한다.

하지만 부시맨은 소유를 모른다.
그대가 문명이라 생각하는 모든 것은
소유의 법칙 위에서 생겨난 것이기에
그대와 부시맨의 대화는 순조로울 수가 없다.

그대는 부시맨을 보며 답답해한다.
하지만 부시맨은 그대를 보며 답답해하지 않는다.
언제나 답답해하는 것은 그대다.
왜 그런가?
그대는 부시맨을 바꾸려고 하지만
부시맨은 그대를 바꾸려고 하지 않기 때문이다.
그대는 부시맨을 그대와 동떨어진 존재로 보지만
부시맨의 눈에 그대는 하나의 자연일 뿐인 것이다.

이것이 부시맨과 그대의 차이다.

부시맨은 도심에서도 자연을 본다.
그대는 아프리카의 초원에서도 문명을 찾으려 한다.

그대의 사고방식
부시맨의 사고방식
어느 것이 더 아름다운가?
그대는 이 물음에 혼란을 느끼겠지만

부시맨은 아무런 혼란도 느끼지 않는다.
있는 그대로…
부시맨은 더 아름다운 것을 모른다.
비교하는 것을 배우지 못했다.

부시맨은 그냥 웃는다.
그대여, 그대가 그냥 웃을 수 있는 날
그대와 부시맨은 웃음만으로도 대화가 통할 것이다.

TV가 고장 났다

TV가 고장 났다.
두드리면 된다.
그대는 두드림의 미학을 잘 알고 있다.
어떤 종류의 고장일지라도 상관없다.
어쩌면 고장이라는 말조차 필요 없는지도 모른다.
모든 커뮤니케이션은 두드림으로 가능하다.

소리가 나오지 않는다.
화면이 떨린다.
TV속 주인공의 얼굴이 마음에 들지 않는다.

그대의 처방은 간단하다.
단지 두드리기만 하면 된다.

떨리던 화면이 안정되고 음향이 부드러워지며
심지어 주인공의 메이크업이 바뀐다.

누군가 그대를 의아하게 바라본다.
그의 눈에 그대의 행각은 미친 짓이다.
한참을 양보해도 바보놀음에 지나지 않는 것이다.
접속 불량의 코드가 붙었다 떨어졌다 하는 것을
두드림으로 해결하는 그대의 무지가
무척이나 위험하고 어리석게 보이는 것이다.
그는 여러 가지 공구로 무장을 하고 TV를 마주한다.
TV는 단지 물질적 장치의 조합에 지나지 않는 것이다.
TV 역시 그에게는 어떤 사랑의 밀어도 전하지 않는다.

§

그대가 바라보는 방식 그대로 상대 역시 그대를 바라본다.
어느 것을 택하든 그대의 자유이지만
때론 직관이 필요하다.
그 직관의 과정을 낱낱이 알 필요는 없다.
그대가 전기를 이해하고 나서 전등을 켤 필요는 없지 않은가?

직관은 때로 엄청난 위력을 발휘한다.

아무도 해결할 수 없는 난제를 순식간에 풀어 버리기도 한다.

하지만 명심해야 한다.

모든 직관의 밑바탕에는 사랑이 있어야 한다.

사랑이 결여된 직관은 날카로운 칼이 되어

그대와 그대를 둘러싼 모두를 베어 버릴지도 모른다.

또한 그대가 직관을 가졌다고 해서

공구함을 들고 다니는 사람을 비웃어서는 안 된다.

사실 그대의 직관은

수많은 공구함의 노력에 의해 증명되는 것임을 잊지 말아야 한다.

우주는 여러 가지 방식으로 그대와 대화한다.

특정한 방식을 고집한 나머지 다른 것을 부정하거나 비웃을 거라면

그대는 우주의 일원이 될 자격이 없다.

왠지 기분이

아내는 하루 종일 우울했지만

남편이 벨을 누르는 순간 활짝 웃는 얼굴로 맞이한다.

그러나 남편의 반응은 뜻밖이다.

"이상해. 집안 분위기가 가라앉아 있어."

"응? 왜 그렇지?"
시치미를 떼어 보지만 남편은 잔뜩 우울한 표정을 풀지 않는다.

아내는 스위트 홈을 기대하고 온 남편에게 미안한 마음이 생긴다.
더 아름다운 미소와 함께 더 따뜻한 식사를 차린다.
어느덧 남편의 얼굴에서 우울함이 사라진다.
아내가 공간에 기억시킨 '우울함'들이 사랑으로 승화된 것이다.

　　§

그대가 기억시킨 에너지가 공간에 떠다닌다.
그대가 창조한 것은 그대가 책임져야 한다.
사랑으로 승화시켜라!

빛이 되기 위해 어둠을 만들지 마라

그대가 빛나기를 우주는 언제나 바라고 있다.
하지만 부디
그대가 빛이 되기 위해 그대의 주변을 어둠으로 만들지 마라.
그대는 빛이 어둠의 반대가 아님을 이해해야 한다.
빛이 어둠의 반대라면

그대의 빛은 필연적으로 어둠을 함께 창조하고 만다.

그대의 빛은 어둠과 빛을 뛰어넘은 빛이어야 한다.
그리하여 그대와 세상은
하나가 될 수 있을지니.

칭찬

그대가 누군가를 칭찬할 때는
그대가 그와 같은 눈높이에 있을 때뿐이다.
그대는 누군가가 그대의 눈높이에서 벗어나기를 원하지 않는다.
그대는 우월감을 느낄 수 있을 때만 칭찬한다.

칭찬은
그대의 여유나 너그러움에서 나오는 장식품이 되어서는 안 된다.
그대의 칭찬은 아름다움에 대한 진정한 경탄이 되어야 한다.
그대 자신을 꼭 움켜쥔 채로 칭찬하는 것은
아름다운 칭찬이 아니다.

자, 온 우주가 그대를 칭찬할 수 있도록 해보라.
우주는 오래도록 기다려 왔다.

살리기 위해서 죽인다

그대가 무언가를 살리고 싶다면 일단 그것을 죽여야 한다.
처음부터 죽어 있는 것이라면 살릴 수가 없을 것이기에
그대가 살리려고 하는 그것은 분명
살아 있다가 죽은 것이어야 한다.
그러나 그것이 생생히 살아 있는 것이라면
그대는 그것을 살리기 위해서 먼저 죽여야만 하는 것이다.

그대가 무언가를 구원하려면 일단 그것을
죄와 무지와 어둠으로 몰아넣어야 한다.
만약 그것이 언제나 밝고 아름다운 존재라면
그대는 그것을 구원할 수 없는 것이다.

그대는 살리기 위해서 우선 죽여야 할 것이며
구원하기 위해 우선 초라하게 만들어야 할 것이다.
창조력은 위대하다.
그대의 그런 생각에 부응하는 존재들이 생겨난다.
설사 그것이 연극일지라도 그대가 절실히 원한다면
살기 위해서 먼저 죽는 존재도 생겨날 것이며
구원받기 위해 먼저 초라해지는 존재도 생겨날 것이다.

이것이 존재의 법칙이다.

그대가 원하는 것은 언제나 새롭게 창조된다.

그대여…

생명의 위대함을 노래하라.

그대여…

존재의 위대함을 노래하라.

그리하여

그대가 그 누구도 살리거나 구원하지 않아도

우주는 즐거움과 아름다움과 생명으로 가득할 것이니…

죄형법정주의

법치주의 국가는 죄의 종류를 법으로 정하고 있다.

그대가 누군가를 마음속으로 지독히 증오하거나 저주한다 해도

아무런 벌을 받지 않는다.

어떤가?

그대의 죄는 어떠한가?

그대의 죄는 법으로 정해 놓은 것에 속하는가?

물론 죄는 없다.

아픔이 있을 뿐이다.

하지만 그대가 아픔으로 느끼는 수준이 되기까지는

시간이 걸릴 수도 있다.
죄가 아니라 아픔이란 것을 알기 위해서는
모든 것이 바로 그대일 뿐이라는 것을 알아야 한다.

그대가 만일 바로바로 아픔을 느낄 수 있다면
그대가 곧 상대가 되어 아픔을 느낄 수 있다면
그대는 '법에서 정하지 않은 죄'를
더는 되풀이하지 않게 될 것이다.
무엇이 아픔인지 즉시 알아차려야 한다.

그대는 그대의 몸만이 아니다.
그대는 그대의 생각만이 아니다.
그대는 그대의 경험만이 아니다.
그대는 모든 것이다.
그대 아닌 것은 없다.
그대가 '상대'라고 이름 붙였던 모든 것은
그대의 또 다른 이름일 뿐인 것이다.

더 짙은 어둠

악과 대적한다고 해서 사랑이 되는 것은 아니다.

악과 대적해서 사랑이 된다면
그 악 역시 사랑이어야 한다.
대적한다는 것은 언제나 같은 차원에서 이루어지기 때문이다.

그대가 무언가를 부정한다고 해서
그대가 위대해지는 것은 아니다.
하지만 그대는 무언가 부정할수록 그대가 위대해진다고 배웠다.
물론 학문은 그런 방식으로 발전해 나간다.
하지만 사랑은 그렇지 않다.

그대에게 더는 부정할 무엇이 남아 있지 않을 때
그대는 사랑에 가까이 있는 것이다.

악을 미워해서 사랑이 될 수 있다면
그대를 둘러싼 인류는 진작에 사랑이 되었을 것이다.
역사가 증명하고 있지 않은가!
악과 대적하고 악을 미워하는 것은 또 다른 악을 만들 뿐이다.
악을 물리치지 않으면 계속해서 악이 남아 있을 거라 생각하는가?
그대가 어둠을 물리치기 위해 어둠을 불러온다면
그대는 밝음을 만날 수 있을까?
오히려 처음의 어둠보다 더 짙은 어둠을 만날 뿐이다.

공기

공기를 마신다.
공기가 내 안으로 들어와서 내가 된다.
어쩌면 공기는 내 안으로 들어오기 전에도 나였던 것은 아닐까?
내 안이라고 말하지만 받아들이는 폐의 세포는
확대해 놓고 보면 한갓 허공 속의 에너지 흐름일 뿐이다.
내 안이라는 것과 내 밖이라는 구별은 어떻게 하는 걸까?
과연 가능한 구별일까?

공기는 원래 나였다.
원래 내가 아닌 것을 마시고 산다는 건 불가능한 일이다.
그대도 원래 나였다.
원래 내가 아닌 것을 사랑하며 산다는 건 불가능한 일이다.
그대여
가만히 그대를 내려놓고 생각해보라.
그대가 그대 아닌 것을 바라보는 일은
불가능하다는 것을 알게 될 것이다.
그대가 그대 아닌 것을 사랑한다는 건
불가능하다는 것을 알게 될 것이다.
그대가 바라보는 모든 것
그대가 듣는 모든 것
그대가 먹는 모든 것

그대가 느끼는 모든 것
그대가 사랑하는 모든 것이
바로 그대이다.
우주는 그렇게 만들어져 있다.

답답하다

답답한가?
'답답'은 '답답(答答)'일 수도 있다.
두 개의 답은 언제나 그대를 답답하게 만든다.
답이 하나라면 답답해할 이유가 없다.
그대에게 주어진 모든 일에게
그대가 주권을 넘기지만 않는다면
그대는 언제나 하나의 답, 하나의 결론만을 가진다.
그러나 그대가 주권을 넘기는 순간 무수한 답이 생겨난다.
자신을 믿지 못할 때
그대가 그대 안의 위대한 가치를 믿지 못할 때
그대의 주권을 노리는 무리는 너무나 많다.
그대가 처한 상황이
그대가 선택해야 할 무엇이
끊임없이 그대의 주권을 노린다.

그대가 그대 안의 창조주를 믿기만 한다면 무엇을 선택하든
그것은 그대에게 즐거움과 행복을 줄 것이다.
그대가 그대 안의 창조주를 외면한 채 무엇을 선택하든
그것은 그대에게 즐거움도 행복도 될 수 없는 것이다.
아무리 많은 선택이 놓여 있을지라도
그대가 선택하는 하나는 언제나 유일한 답이다.
그리하여 그대의 삶에서 IF(만약 **했다면)가 사라지는 것이다.
그리하여 그대의 답답함은 모두 사라지는 것이다.

그대의 답답함은
그대가 자신을 믿지 못할 때 오는 것이다.

그대가 가장 싫어하는 일

그대가 가장 겪고 싶어 하지 않는 상황에
그대가 있어야만 한다면
그대는 생에서 가장 확실한 기회를 잡은 것이다.
생각해 보라.
거기서 만일 그대가 즐거움을 느낄 수 있다면
그대는 다른 어떤 곳, 어떤 상황에서도 즐거울 수 있을 것 아닌가?

봉지가 터지는 날

좋은 것이든 나쁜 것이든 상관없다.
무엇이든 꾹꾹 눌러 놓으면 결국은 터져 버린다.
쓰레기든 싱싱한 과일이든 상관없는 것이다.

그 어떤 에너지라도 억압된 것은 터져 버린다.
그대가 봉지의 입구를 꽉 잡고 있으면
그대의 봉지는 언젠가 터져 버리고 말 것이다.

그대는 억압의 대가로
도덕군자라는 말을 들었을지도 모른다.
빈틈없는 사람이라는 말을 들었을지도 모른다.
함부로 대할 수 없는 사람이라는 말을 들었을지도 모른다.
또한 그대는 억압의 대가로
그대의 직업과 그대의 명예와 그대의 마음과 그대의 허울이
다치지 않게 잘 보존되도록 허가받았을지도 모른다.
하지만 그대의 즐거움은 어떻게 되었는가?
그대는 억압의 대가로 그럴듯한 많은 것들을 보장받았지만
정작 가장 중요한 것을 담보로 넘기고 말았다.

흘러가도록 하라.
고인 것은 썩으며

눌린 것은 터져 나온다.

흐름은 생명이다.

그대의 삶 속으로 생명의 흐름을 다시 끌어들여라.

마치 그대의 것처럼 느껴졌던 온갖 쓰레기들과 허울들은

아낌없이 버려라.

그대의 삶이 다시 활기차게 흘러간다.

아무것도 억압할 것은 없다.

아무것에도 집착할 것은 없다.

적벽대전

제갈량이 조조를 치기 위하여 오나라와 손을 잡았다.

조조의 함대를 연환계로 묶어 놓은 다음 불을 질렀다.

마침 불어온 동남풍이 조조의 군영으로 불어닥치자

조조의 군사들은 제대로 저항도 못해 보고 불에 타 죽고 말았다.

그러나 그 동남풍은 우연이 아니었다.

제갈량이 하늘에 제사 지내며 불러온 것이었다.

여기서 퀴즈!

A. 동남풍은 실제로 제갈량이 불러온 것이다.

B. 그때쯤 바람의 방향이 바뀔 것을 알고 있었던
제갈량의 전략적 행동이다.

어느 것이 맞는가?
둘 다 맞을 수도 있고 둘 다 틀릴 수도 있다.
그대가 원인과 결과를 과거와 미래로 분리시키는 한
이 문제의 정답을 알기는 매우 어려워진다.

그대의 의식이 현재를 바라볼 수 있을 때
엄연히 과거와 미래로 분리되어 있던
원인과 결과가 한 점에서 만난다.

그대가 이것을 이해했다면
그대에게는 A와 B 어느 것이든 정답이다.
그대가 이것을 이해하지 못한다면 어느 것도 정답이 될 수 없다.

그러나 좀 더 정확한 정답을 알고 싶다면
그대여
진실로 현재를 바라보라.
현재 일어나는 상황이 아닌, 현재 그 자체를 바라보라.
바로 지금 너무나 선명해져 버린 현재를 바라보라.
그렇다.
동남풍이 불었을 뿐이다.

수수께끼

수수께끼가 주어졌다.
답이 있는지조차 알 수가 없다.
만약 분명히 답이 있다는 것을 알 수만 있다면
그대는 좀 더 용기를 가지게 될 것이다.

인생이 주어졌다.
목적이 있는지조차 알 수가 없다.
만약 분명히 목적이 있다는 것을 알 수만 있다면
그대는 좀 더 즐거움을 누릴 수 있을 것이다.

풀리지 않는 것은 수수께끼가 아니다.
이와 같이 그대의 삶에도 분명한 목적과 이유가 있다.
하지만 이것을 알 수 없는 그대는
때로 삶의 목적을 알 수 없어서 공허해지거나
때로 삶의 이유를 알 수 없어서 슬퍼진다.

그대여
먼저 수수께끼에는 꼭 답이 있다는 믿음을 가져라.
그것만으로도 마음이 가벼워질 것이다.
한 걸음을 가든
여러 걸음을 가든

분명한 것은 목적지로 가고 있다는 것이다.
하지만 명심해야 할 것이 있다.
그대의 한 걸음은 분명 목적지를 향한 것이어야 한다.
그 목적지는 사랑의 확인이다.
생명의 확인이다.
자유의 외침이다.

그대가 수수께끼를 풀지 못할 일은 이제 없다.
당당하게 걸어가라.

뛰어넘기

장벽을 넘고 싶다면
이미 장벽 너머에 그대가 있어야 한다.
이미 그곳에 그대가 있지 않고서는 어떤 장벽도 넘을 수가 없다.

조용히 자신에게 말하라.
나는 이미 거기에 있다.
거기는 이미 나에게 '여기'가 되었다.
나는 여기에 있다.

이제 그대가 뛰어넘지 못할 장벽은 없다.

동상이몽

똑같은 일을 함께 겪은 두 사람이
나중에 말을 맞추어 보면 전혀 다른 경우가 있다.
누가 맞는 것일까?

그대가 기억하는 것은 진실(眞實)이 아니다.
그대는 상황에 대한 그대의 해석을 기억하고 있는 것이다.
그 해석은 같은 상황에서도 사람마다 다를 수 있다.
그리하여 동상이몽(同床異夢)이 생겨난다.

똑같은 일을 그대가 두 번 겪는다 하더라도
그대의 해석은 다를 수밖에 없다.
그대의 의식이 깨어 있는 수준에 따라 달라지는 것이다.
그러므로 상황을 가지고 행복과 불행으로 나누는 것은
아무런 의미가 없다.

어떻게 보느냐

남들이 그대를 어떻게 보느냐 보다
그대가 그대 자신을 어떻게 보느냐가 더 중요하다.
그대가 그대 자신을 보는 방식은
그대에게 매우 강력한 영향력을 가진다.

남들이 그대를 보는 방식은 그만큼의 힘을 가지지 못한다.
하지만 그대가 남들이 그대를 보는 방식에 더 관심을 기울인다면
어느새 그것이 그대에게 의미 있는 큰 힘이 되어 버린다.

그대의 힘을 남용하지 마라.
그대가 마음 쓰는 곳으로 그대의 힘이 흘러간다.
불필요한 것에 그대의 창조력을 쓰지 마라.
남들의 시선이나 방식에 그대의 힘을 내어 주고 나서
아파하고 힘들어하는 모순을 만들지 마라.

그대가 정작 마음 써야 할 것은
그대가 그대 자신을 어떻게 보고 있느냐에 대한 것이다.

거울아, 거울아

거울아, 거울아… 세상에서 누가 가장 예쁘니?

거울에 비치는 건 언제나 자신이다.
자신을 긍정하고 사는 사람은
언제나 세상에서 가장 예쁜 자신을 보게 될 것이다.

자신을 긍정하지 아니하고서
세상에서 할 수 있는 일은 없다.

부드러운 억압

그대는 사랑이라는 이름으로 억압한다.
미움의 이름으로 억압하는 경우는 거의 없다.
불의는 언제나 정의의 이름으로 행해지며
억압은 언제나 관심의 이름으로 행해진다.

때로 억압은 대단히 부드럽게 이루어진다.
억압을 하는 자도 받는 자도 억압인 줄 알기가 어렵다.
그래서 위험한 것이다.

혹시 그대는 사랑의 이름으로
또는 관심의 이름으로
누군가를 부드럽게 억압하고 있지는 않은가?

해줄 게 많아

둥근 원을 바라본다.
어느 한 부분이 찌그러져 있다.
다른 부분은 보이지 않는다. 찌그러진 부분이 부각되어 보인다.
조금뿐인 찌그러짐을 알 수 있다는 것은
다른 부분이 온전하다는 뜻도 된다.
전체적으로 온전한 원의 모습을 갖추지 못했다면
찌그러짐을 찾아낼 수도 없는 것이다.

만약 그대가 의사라면
그대는 환자를 보기를 원할 것이다.
만약 그대가 구세주를 자청한다면
그대는 죄로 가득 찬 세상을 보고 싶어 할 것이다.
만약 그대가 지극히 이성적인 사람이라면
그대는 그대의 이성으로 해결해야만 하는 상황을 원할 것이다.
이 역설들을 이해할 수 있는가?

고치기 위해선 먼저 아프게 해야 하며
구하기 위해선 먼저 구렁텅이에 빠트려야 한다.

물론 사람들은 충분히(?) 아프고 충분히 구렁텅이에 빠져 있다.
하지만 그것이 전부가 아니다.
원의 일부가 찌그러져 있다고 해서
원의 생명력마저 무너진 것은 아니다.

어떤 것이든 마찬가지다.
그대가 하나의 방식을 가질 때
그 방식에 가장 거스르는 무언가가 그대에게 도전한다.
바로 그때,
그대의 방식이 전부가 아님을 깨달아야 한다.

질문 패러독스(paradox)

그대는 모르는 것을 물어볼 수 없다.
만약 그대가 모르는 것을 물어본다면
그대는 허튼 짓을 하고 있는 것이다.

그대가 모르는 것을 묻고

그 대답을 듣는다면
그대는 이상한 세계로 가게 될지도 모른다.

의문이 있으면 답이 있다.
N극이 있으면 S극이 있는 것과 같은 것이다.
그대가 우주를 벌벌 떨게 할 만한 의문을 찾아내었다면
바로 거기에 답도 함께 있는 것이다.

절실한 의문이 아니면
그대는 아무것도 물어보아서는 안 된다.
그런 것은 그대에게 아무런 도움이 되지 못한다.

만약 그대가 절체절명의 의문을 하나 만들 수 있다면
이미 그대는 궁극의 우주를 보고 있는 것이다.

정보에 대한 것이라면
아무것이나 물어도 좋다.
그대는 모르는 것에 대해 물어볼 수 있다.

하지만 그대의 삶과 죽음과 존재에 대한 것이라면
결코 그대가 모르는 것에 대한 질문은 할 수 없는 것이다.

그대는 무엇을 물어보고 싶은가?

싸움꾼

타고난 싸움꾼은 무술을 배우지 않는다.
만약 무술을 배우게 되면 오히려 그 틀에 갇혀 약해질지도 모른다.

영혼의 참모습은 허울을 필요로 하지 않는다.
이미 세상을 알았고
이미 세상을 품었으며
이미 창조주와 어깨를 나란히 하고 있다.

하지만 그대가 태어나서 얻게 되는 것으로
그대의 영혼에 덕지덕지 덧칠을 하고 있노라면
그대는 영혼의 즐거움을 얻기 위한 여행에서
여행자의 피곤만 잔뜩 안고 돌아가게 될지도 모른다.

그대는 타고난 사랑꾼이다.
사랑을 표현하는 어떤 것도
바로 그대의 사랑만큼 빛나는 것은 없다.
세상에서 그대가 배우는 것은
그대의 여행에서 필요한 중요한 것들이지만
그것으로 그대 영혼의 크기를 재지는 마라.

그대는 타고난 아름다움이다.

부자와 낙타

부자가 천국에 가기는
낙타가 바늘구멍을 통과하기보다 어렵다고 한다.
부자는 천국지기와 사이가 안 좋은 건가?
자본주의 사회에서 '부자'는 성공의 또 다른 이름이다.
그렇다면 성공을 일구어낸 모든 사람들은 모두 지옥행인가?

우선 천국이 어딘가부터 알아야 한다.
천국은 '흔들림 없는 존재의 즐거움'이다.
부자는 돈이 많아 부자일 수도 있고
지식이 많아 부자일 수도 있다.
또 다른 표현을 빌리자면
기득권을 가진 사람을 말하는 것이기도 하다.
'가진 자'는 그 풍요로움으로 인해
더 이상의 것을 추구하려는 열정을 가지기 어렵다.
관심을 가질 수는 있지만 열정을 가지기는 좀처럼 어려운 것이다.
그리하여 '가진 자'는
3차원을 뛰어넘는 차원의 즐거움을 추구하려 하지 않는다.
바로 이것을 두고 천국에 가기 어렵다고 말한 것이다.

어떤 식이든 만족하면 그만이라고 말해도 좋다.
하지만 영혼은 불가항력적인 진화 욕구를 가지고 있다.

진화의 목적은 좀 더 근원적인 즐거움을 누리자는 것이다.
차원 높은 즐거움은 그 하부 차원의 즐거움을 모두 포함한다.
하부 차원의 즐거움을 무시하거나 버려야 할 필요는 없다.
하지만 조그만 즐거움에 집착한다면
그 이상의 즐거움을 맛볼 기회는 없다.

그대가 부자이든 아니든 상관없다.
진정한 부를 알기 위해서는 삶과 존재의 비밀을 깨우쳐야만 한다.

변화의 기술

그대가 바꾸고 싶은 사람이 있다면
먼저 그대가 그 사람이 되어야 한다.

그대는 그대 아닌 것을 움직일 수 없다.
그대는 그대 아닌 것을 그대의 마음대로 할 수 없다.
그대일 때만 그대가 마음대로 할 수 있는 것이다.
그대일 때만 변화시킬 수 있는 것이다.

그대가 여태 그대라고 생각해 왔던 것을 뛰어넘어야 한다.
그대가 바꾸고자 하는 것과 그대가 하나로 느껴지는 때

변화의 기술이 제대로 나올 수 있는 것이다.

그대가 철저히 다른 사람들과 구별되어 있는 자신을 고집하면서

누군가를 변화시킨다는 것은 대단히 어려운 일이다.

진땀을 흘리고 안간힘을 써도 제대로 되지 않는다.

그대의 에너지를 허비하지 마라.

근원에서부터 움직여야 한다.

그것이 되어야만 한다.

그리고 그것이 되려면 그대는 그것을 사랑해야만 한다.

그리하여 변화시키고 싶은 것이 있다면

먼저 그것을 사랑해야 하는 것이다.

돈세탁

바지 뒷주머니에 천 원짜리 한 장을 넣은 채로 빨아 버렸다.

천 원짜리가 말끔히 세탁되었다.

그대가 가끔 경험하는 '돈세탁'이다.

어떤 사람들은 다른 방식의 '돈세탁'을 원한다.

그들은 돈의 경로를 알 수 없게 만들고자 한다.

어쨌든 사람들은 누구나 돈이라는 수단을 필요로 한다.
그러면서도 돈에 대해 수많은 악담과 질타를 멈추지 않는다.
돈은 사람들의 악다구니를 처연히 견뎌 낸 성자다.
사람들의 이중적 태도에도 군말 한번 하지 않는다.
돈이 더러운 것이 아니라
돈에 대한 필요 이상의 집착이 무서운 것임에도
그 모든 손가락질은 돈이 받는다.

이제 그대를 찾아오는 모든 돈에게 이렇게 말하라.
"그대는 사랑과 생명의 화신입니다. 감사합니다."
그대에게서 나가는 모든 돈에게 이렇게 말하라.
"그대는 사랑과 생명의 전령입니다.
머무는 곳마다 즐거움과 사랑으로 가득 넘치게 하소서."
그리하여 그대를 거쳐 간 돈은
인간이 씌운 아픔과 질투의 굴레를 벗고
순환과 나눔이라는 본연의 의미를 가지게 되는 것이다.
이것이 그대에게 권유하고 싶은 돈세탁법이다.

어느 날 수많은 돈들이
스스로의 가치를 가장 위대하게 보아준
그대에게 모여들 것은 자명한 일 아닌가!

듣고 싶은 말을 듣기 위해

그대는 듣고 싶은 말을 듣기 위해서라면 무엇이든 한다.
신과 통하며 운명을 말하는 사람들을 찾아다닌다.

그대의 마음속에 부정이 가득 차 있다.
그러나 운명을 말하는 사람들은 긍정을 말한다.
신과 통하는 사람들은 긍정을 말한다.
그대는 만족스럽지가 않다.
그대는 좀 더 이름난 사람들을 찾아다닌다.
드디어 부정을 말하는 사람을 만난다.
감격스러운 일이다.
두 손을 덥석 잡고 그대는 이렇게 말한다.
"정말 대단하십니다."

정반대의 경우도 있다.
그대가 원하는 대답은 '된다.'이다.
여러 곳을 찾아다녀도 된다는 대답은 듣기 어렵다.
드디어 된다고 말하는 사람을 만난다.
그대는 감격한다.

그대는 그대가 원하는 대답을 듣기 위해서는 무엇이든 한다.
그 대답이 긍정이라면 그나마 괜찮지만

그 대답이 부정이라면 어떡해야 좋을까?

앙꼬 없는

그대에게 가장 소중한 것을 적어 보아라.
희망, 만남, 행복, 즐거움, 자유, 건강, 성공

그대가 가장 피하고 싶은 것을 적어 보아라.
절망, 이별, 불행, 무료함, 아픔, 실패

이제 그대의 삶에서 피하고 싶은 것을 모두 빼라.
그리고 소중한 것만을 더하라.

이제 그대의 삶은 충분히 아름다운가?
이제 그대의 삶은 비할 데 없이 아름답고 행복한 것이 되었다.
하지만 왠지
'앙꼬 없는 찐빵'이 되어 버린 것 같은 기분은 뭐란 말인가?
분명 그대는 피하고 싶은 것을 피했을 뿐이다.
그런데 어찌된 일인지 그대에게 소중한 것조차 빛이 바래졌다.

피하고 싶은 것들이 그대 삶의 필수요소라고 말하고 싶지 않다.

또한 그런 것들이 가치 있는 것이라고 말하고 싶지도 않다.
하지만 그렇게 말한다면
소중한 것들 역시 그대 삶의 필수요소라고 말할 수 있을까?

그대가 삶에서 얻고자 하는 것은 상대성의 것이 아니다.
상대성은 도구에 불과하다.
잠시 파도가 올라가고 다시 파도가 내려가더라도
그것은 파도가 진행하는 과정의 일일 뿐이다.
그대의 즐거움은 상대성을 뛰어넘은 것이어야 한다.
부자가 되기를 원하기보다
가난도 부도 즐길 수 있는 그대의 넉넉함이 좋은 것이다.
행복만을 원하기보다
펼쳐진 삶 속에서
진정한 사랑의 의미를 찾을 수 있도록 해야 한다.

이제 기적이 일어난다.
그대의 소중한 것들이 생명을 얻었다.
그대는 이제 아무것도 두려워할 필요가 없다.

그대의 행복

그대가 행복이라고 또는 불행이라고 생각하는 것
과연 진실일까?

그대를 혼란에 빠뜨리려는 게 아니다.
하지만 그대는 행복에 대한 기준을 학습받아 왔기 때문에
진정 그대가 원하는 행복이 무언지 모르고 있을 수도 있다.

그대는 언제나 행복을 추구하지만
정작 그대가 추구하는 행복이 과연 진짜인지에 대해서는
한 번도 의심해 보지 않았다.

그대가 행복해지기 위해서
충족되어야 할 조건들은 무엇인가?
아내, 남편, 자식, 부모
돈, 여유, 명예, 성취, 세상의 부러운 시선…
나쁘지 않다. 누구나 그러하다.

하지만
그대가 정말 원하는 것은
이런 것들이 아니다.
이런 것들은 단지 하나의 배경에 불과한 것이다.

그대가 배경을 얻었다고 해서
행복해지는 것은 아니다.

심지어 배경은 이러한 것들 외에도 많다.
놀라지 마라.
이런 것들과 정반대되는 것도 배경이 될 수 있다.

그대가 만약 화가라면
깨끗하고 정제된 캔버스에 그림을 그릴 수도 있고
거칠고 더러운 벽돌 위에다 그림을 그릴 수도 있다.
배경은 어떤 것이든
그림의 아름다움을 더하기 위해서 존재하는 것이다.
단지 산뜻하고 그럴듯한 배경이라고 해서
그림에 아름다움을 더해 주리라는 보장은 없다.

그러므로
그대는 어떠한 배경에서라도
행복해야 할 의무와 권리가 있다.
그 행복은 그 누구도 침해하지 못한다.

나는 빼고

세상이 그렇지가 않아.
나는 이해할 수 있어. 하지만 세상이 이해해 줄까?
나는 아무렇지도 않아. 하지만 세상도 아무렇지 않을까?
사회적 통념이란 게 있어. 나 같은 사람만 있는 게 아니거든?

그대에게 묻고 싶다.
그대를 뺀 세상은 도대체 어떤 세상인가?
그대의 생각과 배려를 뺀 사회적 통념이란 무엇인가?
그대를 왜 빼는가?
세상은 바로 그대가 만드는 것이며
사회적 통념 역시 바로 그대가 만드는 것이다.
그대를 뺀 세상을 말하지 마라.
그대가 빠진 세상 따위는 아무런 의미가 없다.
나는 그대와 대화하고 싶다.
바로 그대가, 내가 만드는 세상을 바라보고 싶다.

매직 아이 (Magic Eye)

없던 것이 보인다.

새로운 것이 보인다.
하지만 사실을 말하자면
원래 있었지만
보는 방식이 달라서 보지 못했던 것뿐이다.

그대가 바라보는 세상도 마찬가지다.
그대가 보지 못한다고 해서 없다고 말해선 안 된다.
단지 그대는 그것을 보는 법을 모를 뿐이다.
그대가 보지 못하는 그것이
언제나 아름답고 옳은 것이라고 말하는 것은 아니다.
하지만 그대는 최소한 그대가 바라보는 세상이
전부가 아님을 알아야 한다.
똑같은 세상을 보아도 보는 방식에 따라서
세상은 얼마든지 달라질 수 있음을 알고 있어야 한다.

이것이야말로 세상을 변화시키는 기술인 것이다.
세상을 변화시키는 것이 아니라
세상을 바라보는 방식을 변화시키는 것이다.
그리하여 원래 없던 것을 만들어 내는 것이 아니라
원래 있었지만 볼 수 없었던
새로운 가치들을 보게 되는 것이다.

부디 그대여

그대의 방식만을 고집하지 마라.
최소한 다른 방식이 있을 수도 있다는 것만이라도
늘 기억해 두라.
곧 그대에게도 새로운 눈이 열릴 것이다.

난 알아요

누군가의 외투를 보고
그 사람을 안다고 말한다.
누군가의 내의를 보고
그 사람을 안다고 말한다.
누군가의 속옷을 보고
그 사람을 안다고 말한다.

하지만
누군가의 알몸을 보았다 할지라도
그 사람을 안다고 말할 수 없는 것이다.

한 사람을 안다는 것은
곧 우주를 다 안다는 것과 같은 말이기 때문이다.

모를 때

모를 때는 모른 채로 있어라.
그것이 정답이다.
억지로 알려고 하면 모든 것이 흐트러지고 만다.
그대의 마음으로 알 수 있는 것은 얼마 되지 않는다.
그대 몸 안의 한 세포가 안다고 이야기하면
그대는 어디까지 그 말을 존중해 줄 것인가?
우주의 한 세포인 그대가 안다고 이야기하면
우주는 어디까지 그 말을 존중해 줄 것인가?

꽃은 피지 않을 때도
꽃이었다

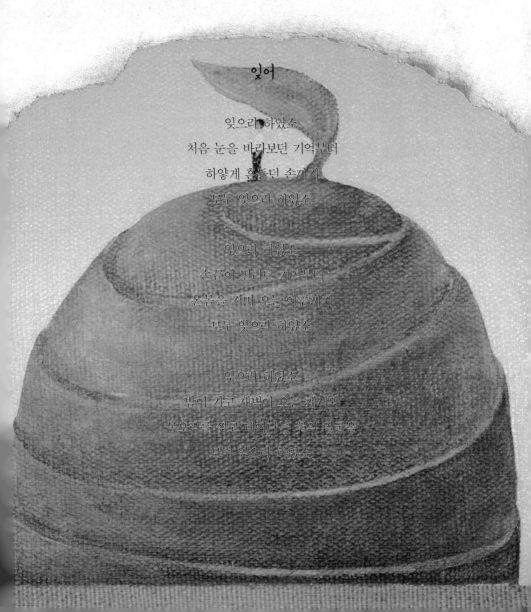

잊어

잊으라 하였소.
처음 눈을 바라보던 기억부터
하얗게 흔들던 손까지
모두 잊으라 하였소.

잊으라 하였소.
손끝이 떨리던 기억부터
온몸을 지며 오는 아픔까지
모두 잊으라 하였소.

잊으라 하였소.
밤이 가고 새벽이 오는 게지와
봉오리로 짝고 태어나는 꽃의 열굴을
모두 잊으라 하였소.

못내 머물던 기억마저
놓쳐 버린 마지막 열차처럼
끝없는 평행 우주의 고독 속으로
모두 보내라 하였소.

날 선 단검을 벼려 들고
허공을 찢어 보았소.
선혈을 기대한 건 아니었소.
다만 우주의 속살을 보고 싶었소.

잊어야 할 것 다 잊고
잊지 말아야 할 것 다 잊고
돌아서 바라보는 눈에는
눈물 같은 사랑만이 흐르고 있었소.

잊을 수 있는 것은 아무것도 없었소.
버려야 할 것, 도무지
버려야 한다는 생각만이 오로지 버려야 할 것이었소.

나 아닌 것 모두 버리고
나답지 않은 것 모두 잊어야 하오.
하지만 나 아닌 것 도무지 없는
이 우주를 어찌 해야 할까요?

화해하는 법

매일 얼굴을 마주치는 사람과 골이 생겼다면
그저 한 잔의 차를 따뜻한 미소와 함께 내밀어라.
그대의 마음이 담겨 있는 차 한 잔!
그대의 마음을 모를 사람은 그다지 많지 않다.

그리하여 세상의 모든 커피 자판기는
'노벨평화상'을 받을 자격이 있는 것이다.

그대의 삶 속으로 사과가 떨어진다

그대의 휴대폰이 11:11분을 가리키고 있다.
1:23, 2:22, 3:33, 4:44, 12:34
그대가 시간을 확인할 때면 유독, 의미 있는 배열이 자주 보인다.
왜 그럴까?

그대는 무심코 시간을 확인한다.
많은 불규칙한 배열의 시간은 잊어버린다.
의미 있는 배열만 기억하는 것이다.

그대의 삶에는 고통도 즐거움도 반반이다.
그대가 어느 것을 더 의미 있게 바라보느냐가 중요하다.
그대가 의미로 받아들이는 것이 곧 그대의 삶이다.

불행보다 행(幸)을 '의미 있음'으로 받아들이는 습관을 들여라.
그대의 삶이 행복으로 넘치게 될 것이다.

인류는 오래도록
고통의 양과 성찰의 양이 비례하는 것처럼 생각해 왔다.
하지만 양이 아니라 밀도다.
고통의 밀도가 아니라 인식의 밀도이며
이는 곧 성찰의 밀도로 연결된다.

남들에게는 아무렇지 않은 사건도
성찰의 밀도를 가진 사람에게는 대단한 사건이 되는 것이다.
하나의 사과가 떨어지는 것을 보고
만유인력을 발견할 수 있는 것은 바로 이 때문이다.

그대의 삶 속으로 사과가 떨어진다.
그대는 무엇을 발견할 수 있는가?
그대는 무엇을 발견하고 싶은가?
그대는 무엇을 알아보고 싶은가?

그대가 알아보는 시간들이 그대의 삶이다.
"깨어 있으라."는 말은 바로 이것이다.

100m 선수에게 마라톤을 시키지 마라

누군가 미워한다.
그대의 몸이 아프다.
그 누군가는 곧 그대 자신이기 때문이다.
세상의 모든 철인들이 하는 이야기는 한결같다.

좀 더 적나라한 진실을 파헤쳐 보자.
누군가 미워한다.
그대의 몸이 아프다.
그대의 몸은 불가능한 일을 하느라 지쳐 있다.
그대는 원래 남을 미워하는 기능을 가지고 있지 않다.
때때로 그대는 불가능한 일을 하려고 한다.

그대의 몸은 힘들어한다.
학의 긴 주둥이로 납작한 그릇의 스프를 먹는 것과 같다.
그대여
불가능한 일을 하느라 지쳐 있는 그대여

그대에게 가능한 일을 하도록 하라.
그대의 몸이 날로 건강해질 것이다.
그대의 삶이 날로 빛날 것이다.

아무리 둘러봐도
그대가 미워할 수 있는 것은 없다.
혹 그런 것이 존재한다 하더라도
그대가 그것을 미워하기란
처음부터 불가능한 것이다.

Only You (오직 당신)

그대는 그대가 되기 전에 무엇이었나?
그대는 그대가 되고 나서 또 무엇이 될까?
그대는 그대 아닌 그 무엇도 될 수 없다.
온 우주가 오직 그대이기 때문이다.
그래서 당신(當身)이다.
오직 유일한 당신.
그대가 바라보는 모든 것은 그대일 뿐이다.
그대가 경험하는 모든 것은 그대일 뿐이다.
그대가 바꿀 수 있는 것은 그대일 뿐이다.

그대가 바라는 것을 바라보라.
그대가 보는 대로 우주는 움직인다.
그대가 바라보는 우주가 그대가 아니라면
우주가 그대의 눈길에 따라 변화할 까닭이 있겠는가?
오로지 그대가 바라보는 모든 것이 그대일 때에만
그대는 모든 것을 기쁨으로 바꿀 수 있다.

기쁨과 슬픔의 고향

기쁨 속의 적막
슬픔 속의 편안함

기쁨과 슬픔의 고향은 같다.
한 어머니에게서 태어난 형제와 같다.

그대가 이 말을 이해할 수 있다면
이제 그대는 존재의 비밀에 한 발짝 다가선 것이다.

말해 봐

그대가 기뻐하는 것, 진짜인가?
그대가 슬퍼하는 것, 진짜인가?
혹시 그대의 슬픔과 기쁨은 학습된 것 아닌가?

누군가 죽으면 슬퍼해야 한다고 그대는 배웠다.
그대는 이 말에 당혹과 더불어 심한 반발을 일으킬 수도 있다.
하지만 어린아이는 죽음 앞에서도 웃는다.
철이 없어서 그렇다고 하겠지만
그렇다면 그대가 말하는 '철'은 무엇인가?

어린아이는 배우지 않고도
그대를 향해 해맑게 웃는다.
이것도 철이 없어서인가?

그대의 감정은 진실이 아니다.
단지 배워 온 대로 행동하는 것이다.
감정뿐이랴.
그대가 잘난 체하는 모든 것들…
사실은 모두 배워 온 것에 불과한 것이다.
그래서 선사(禪師)들은 말하는 것이다.
"말해 봐!!!"

그대가 배우지 않은 것.
그대가 오래도록 가져온 감정의 틀이 아닌
그대가 오래도록 가져온 이성의 틀이 아닌
그대가 오래도록 가져온 분별의 틀이 아닌
진짜 그대의 한마디

다시 그대에게 말한다.
"말해 봐!!!"

개가 진화하면 사람이 될까

누군가 물었다.
"개나 고양이 같은 동물의 영혼이 진화하면 사람이 될 수 있나요?"
나는 이렇게 대답했다.
"왜 개나 고양이의 영혼이 사람이 되고 싶어 한다고 생각합니까?"

어떤 존재보다 못한 존재는 없다.
어떤 존재보다 잘난 존재도 없다.
그대가 이것을 알게 되는 날
그대가 진실에 눈을 뜨는 날이다.

속일 수 없다

그대는 아무것도 숨길 수 없다.
그대는 그 무엇도 속일 수 없다.
그대가 생각하는 것,
그대가 말하는 것,
그대가 행하는 것.
언제나 온 우주가 함께 하고 있다.

그대가 어두운 방 안에서 자신을 속일지라도
우주는 언제나 알고 있다.

두려운가?
아니다. 그대는 아무것도 두려워할 필요가 없다.
누군가를 속일 수 있다고 생각한다면
그대는 항상 두려움에 떨어야 한다.
하지만 아무도 속일 수 없다는 걸 안다면
그대의 두려움은 설 곳이 사라진다.

스스로를 속박하지 마라.
속박은 속일 수 있다고 생각하는 데서 온다.
그대의 발은 땅을 딛고 있지만
그대의 눈은 하늘을 바라보고 있지 않은가!

그대의 몸은 3차원이 고작이지만
그대의 영혼은 무한 차원을 넘나든다.
보이는 세계만이 전부가 아니다.

꿈꾸어라.
진실을 아름다이 외칠 수 있는 세상을…

벙어리

그대가 단 한마디만 하고서 벙어리가 된다면
그대는 무슨 말을 하고 싶은가?

그대가 단 한마디만 하고서 죽게 된다면
그대는 무슨 말을 하고 싶은가?

그대의 단 한마디만 듣고서
누군가 죽게 된다면
그대는 무슨 말을 해주고 싶은가?

벼랑 끝에 서 있다.
더는 물러설 곳이 없다.

그대가 하는 말은 유일한 말이며
그대가 행하는 모든 것은 절대적인 것이다.

자, 그대는 무얼 하고 싶은가?

텔레파시

그대의 텔레파시는 죽어 있다.
그대는 언어 이외의 것으로 소통하는 법을 잊어버렸다.
언어는 그대의 문명과 그대의 삶을 이끌어 왔다.
동시에 그대의 삶과 심지어 그대의 죽음까지도 지배해 왔다.
가장 편리한 것이 언제나 그대를 구속한다.

그대는 원래 언어를 쓰지 않고도 통할 수 있었다.
그러한 세상은 거짓이 없는 거짓이 불가능한 세상이었다.

지금 그대에게 다시 텔레파시로 통할 수 있는 힘이 주어진다면
그대는 불행해질 것이다.
그대는 어떤 거짓도 말할 수 없다.
그대는 또한 어떤 가식도 가질 수 없다.

그대가 그런 상황을 더 즐겁게 받아들일 수 있다면
그대의 텔레파시가 다시 눈을 뜨게 될지도 모르겠다.

형용사

그대는 모든 형용사다.
그대는 그토록 절절하다.
그대는 모든 것이다.
그대는 아름답고 추하며, 용감하고 비겁하며,
강하고 약하며, 지혜롭고 어리석다.
그대는 성스러운 속물이다.
하지만 그대여, 그 어떤 것도 그대는 아니다.
그대는 모든 것으로 표현될 수 있지만
그 어느 하나도 온전한 그대는 아니다.
그대는 그 모든 가치를 사랑으로 바라보는
빛나는 영혼일 뿐이다.

무엇을 부정한다고 해서 그대가 더 위대해지는 것은 아니다.
무언가 버린다고 해서 그대가 더 깨끗해지는 것은 아니다.
그대가 무언가 부정하는 순간 그대에게 부정된 그것은
꼭 그만큼의 무게로 견고해진다.

그대가 무언가를 버리는 순간 그대에게 버려진 그것은
꼭 그만큼의 거리로 그대에게 다가온다.
그대가 버려야 할 것은 그런 것이 아니다.
그대가 버려야 할 것은 버리고 취하는 이분법의 방식이다.

그대가 해야 할 일은 온전히 우주를 받아들이는 것이다.
우주가 그대를 통해서 더 우주다워지도록
사랑이 그대를 통해서 더 사랑다워지도록
생명이 그대를 통해서 더 생명다워지도록.

속지 마라

그대를 속일 수 있는 존재는 누군가?
그대는 이미 이 물음의 답을 알고 있을 것이다.
그렇다. 그대를 속일 수 있는 존재는 그대 자신뿐이다.
물론 그 속임이 진실일 수는 없다.
하지만 그대는 그대 자신을 속일 수 있다고 믿는다.
그리하여 어떤 단서를 덧붙여 그 속임에 힘을 더하려고 한다.
친구를, 부모를, 형제를, 아내를, 남편을
그리고 많은 사람들을 끌어들인다.
하지만 그렇다고 해서 그대의 마음이 편할 리가 없다.

그대가 진실을 인정할 때까지

그대의 마음은 불편할 것이다.

속일 수 없는 그대를

그대는 그렇게 속일 수 있다고 믿고 속여 왔던 것이다.

때로는 한 평생을 자신을 속이는 데 바친다.

때로는 모든 것을 자신을 속이는 데 바친다.

그대의 삶은 어디로 갔는가?

그대의 순수한 열정은 어디로 갔는가?

그대가 그토록 바라던 삶의 진실은 어디에 있는가?

그대는 진실마저 그대의 것으로 소유하려 하는가?

그대는 진리마저 그대의 발아래에 엎드리게 하고 싶은가?

그대는 한없는 사랑 아니던가?

그대는 조건 없는 자유 아니던가?

그대는 그렇게 나이며 그대이며 그이며 그녀이며

모든 사람, 모든 생명, 모든 존재 아니던가?

기억하라.

그대는 아름답다.

그대의 상처를 증명하기 위해 시간을 허비하지 마라.

다만 그대의 아름다움을 누려라.

그리고 또 누려라.

그것이 그대 삶의 목적이다.

하나의 영혼이

태초에 하나의 영혼이 있었다.
지고의 순수, 지고의 생명
바로 창조주의 영혼이었다.
그때 창조주의 곁에는 거울이 없었다.
창조주는 자신을 확인하기 위해 또 하나의 자신을 만들어야 했다.
그리하여 영혼은 모두 둘이 되었다.
그 둘은 서로 바라보며 서로의 눈 속에 비치는 자신의 모습을
또다시 만들어 내었다.
영혼은 모두 넷이 되었다.
그 넷은 서로서로 바라보며 사랑을 갈구하였다.
그 사랑의 모습이 다 같지는 않았다.
그리하여 우주에는 여덟 혹은 열둘 혹은
그 이상의 영혼이 존재하게 되었다.

그대가 가장 아름다운 사랑을 꿈꿀 때마다
우주에서 하나의 영혼이 새로 태어난다.
그대가 하나의 영혼을 만들어 낸다.
그대는 그대가 영혼을 만들어 내었다는 사실을
망각하고 있을 뿐이다.
그대는 지금도 그대의 영혼을 둘로 쪼개어
영혼을 하나 더 만들고 있다.

그대가 꿈꾸는 사랑은 그 약속에 따라서
자꾸만 영혼을 만들어 낸다.

그리고 언젠가 그대의 영혼이
'서로의 사랑'에서 충분히 아름다움을 느끼게 될 때
둘인 영혼이 하나가 되는 날을 맞이할 것이다.
그리하여 다시 우주에는
하나의 순수한 영혼
지고의 순수, 지고의 아름다움, 지고의 자유, 지고의 지혜를 갖춘
창조주가 홀로 존재하게 되는 것이다.

한 그루의 사과나무

한 사과나무에 여러 가지 모양의 사과가 매달려 있다.
서로 같은 사과는 하나도 없다.
빨갛고 둥글고 맛있게 익은 사과가 있는가 하면
조그맣고 비틀어지고 볼품없는 사과도 있다.
백화점에서 자태를 뽐내는 사과는
일찌감치 다른 음식들과 섞여서 사료로 팔려 버린
마라비틀어진 사과를 기억하지 못한다.
적당한 위치에서 태양과 단비를 충분히 마시고 큰 사과는

가지 속 그늘에서 형제들이 마시고 남은 빗물과

형제들이 쬐고 남은 햇볕으로

겨우 살아가는 작은 사과를 알지 못한다.

하지만 사과들이여

그대들은 한몸이다.

누구도 하기 싫은 역할을 하는 사과가 있어

누구에게나 빛나 보이는 역할을 하는 사과가 있는 것이다.

그리고 그 역할은 영원하지 않다.

그대들이 원한다면 그 역할들은 다음 연극에서 얼마든지 바뀐다.

하지만 그대가 이해하지 못하고 있는 것이 하나 있다.

붉게 잘 익은 사과보다

소리 없이 져버린 조그만 사과가

더 많이 사랑을 이해하고 있을 수도 있다는 사실이다.

사과의 목적은 백화점에서 비싼 값으로 진열되는 것이 아니다.

§

삶의 목적은 사랑을 이해하는 것이다.

그 사랑 안에서 존재의 진정한 가치를 알아내는 것이다.

그대들은 한몸이다.

한 뿌리에서 나와서 가지가 멀어지며 기억을 잃어버렸을지언정 그대들이 한몸이라는 사실에는 변함이 없다.
언제 어디서 어떤 역할을 하게 될지
그대는 아는가?

두려워할 필요는 없다.
그것은 전적으로 그대의 선택에 의해 이루어진다.
하지만 그대는 알고 있어야 한다.
그 선택은
지금 그대가 생각하는 '행복의 기준'으로 행해지지는 않는다.
그것은 그대가 지금으로써는 이해할 수 없는
더 위대하고 아름다운 기준에서 행해진다.

해방

그대는 집착으로부터 벗어나고 싶어 한다.
그대는 그대를 묶어 두는 모든 것으로부터 벗어나고 싶어 한다.
어쩌면 그대의 일생은 벗어나고 싶어 하는 것으로
가득 차 있는지도 모른다.
하지만 명심하라 그대여

그대가 집착으로부터 벗어나기는 불가능하다.

그대가 그대를 속박하는 무언가로부터 벗어나기는 불가능하다.

다만 그대에게 가능한 것이 한 가지 있다.

그대가 집착을 해방시켜라.

그대의 집착들을 풀어 주어라.

집착들이 그대보다 힘이 강하다고 생각하는가?

언제나 강한 것이 약한 것을 속박하는 것 아닌가?

그렇다.

그대는 그대의 진실한 힘을

잠시 망각하고 있었던 것이다.

이제 풀어 주어라.

그것들은 그대의 강력한 힘에 이끌려

어쩔 수 없이 그대 곁에 있었던 것들이다.

이제 미련 없이 풀어 주어라. 해방시켜라.

그대는 그것들을 풀어 줄 힘을 가지고 있다.

이제

그대는 자유를 얻었다.

하지만 그대는 자유롭지 못했던 적이 없다.

스스로 묶여 있다고 생각했을 뿐이다.

죄는 없다

죄는 없다.

그대는 이 말을 받아들이기가 어려울 것이다.

'죄는 미워하되 사람은 미워하지 마라.'는 말은

그대의 이해 수준에 있다.

하지만 죄가 없다는 말은 그대의 이해 수준을 벗어나 있다.

"죄가 없다면 그토록 나쁜 짓을 저지르는 사람들은

어떡하란 건가요?"

하고 말하고 싶을 것이다.

알고 있다.

그대의 근심과 우려와 안타까움을 모르는 바 아니다.

그대의 오른손이 그대의 왼손을 실수든 고의이든 상하게 하면

그대의 왼손은 아파한다.

하지만 그대의 오른손이 죄를 저질렀다고 말하지는 않는다.

왜냐하면 그대의 왼손과 오른손은 한몸이기 때문이다.

죄는 두 몸일 때만 성립된다.

사회적 기준으로 보면 분명 죄는 있다.

하지만 그대가 3차원을 넘어 궁극의 차원을 엿볼 수 있다면

모든 죄는 사라지고 만다.

아픔은 있을 수 있다.

하지만 죄는 없다.
인간이 생각하는 모든 죄는 사실은 자신을 해하는
어리석은 짓일 뿐이다.
죄라기보다는 무지에서 오는 아픔인 것이다.

그대는 아무런 죄가 없다.
단지 그대는 모두가 하나라는 것을 몰랐을 뿐이다.
네가 곧 나임을 몰랐을 뿐이다.
그대여, 자신을 먼저 용서하라.
그대는 아무런 죄도 없다.
단지 그대는 모두가 하나라는 우주의 사랑을 잠시 망각했을 뿐이다.

그대는 이제 그대의 죄로부터
모두 해방되었으며
그대가 바라본 죄인들의 죄를
모두 해방시켰다.

혼자가 아니야

그대가 우주일 때만 그대는 혼자가 될 수 있다.
그대가 그대의 개체성을 가지고 있을 때

그대는 오히려 혼자가 될 수 없다.

그대는 혼자가 아니다.

혼자라고 생각하는 것은 그대의 생각일 뿐이다.

그대의 에고는 끊임없이 혼자이기를 원한다.

혼자서 우주를 만들어 보고 싶은 것이다.

하지만 에고의 능력으로는 아름다운 우주를 만들 수 없다.

그대 얼굴을 스치는 바람과

그대 머리 위로 내리쬐는 태양과

그대를 둘러싼 숱한 사랑과 감동과

늘 그대는 이 모든 것들과 함께한다.

그대가 고독을 느낀다면

그대는 외롭지 않다.

그대는 이미 고독과 함께 있지 않은가?

혼자일 수 있다는 건 대단한 축복이다.

그것은 그대가 그대 안의 우주

우주 안의 그대를 발견했다는 것이다.

그대가 사랑이 되었을 때

그대는 혼자일 수 있는 자격을 가지는 것이다.

그대여

혼자가 아니다.

그대가 아직 무언가를 꿈꾸고, 무언가 갈구하고, 무언가 아쉽다면

그대는 함께하는 가치를 좀 더 맛보아야 한다.

그대는 아직 혼자가 될 수 없다.

이것은 그대에게 모순처럼 들릴 수도 있다.

하지만 기억하라.

그대가 혼자라는 생각에 슬퍼질 때면

그대는 이미 '슬픔'이라는 우주와 함께하고 있는 것이다.

그대는 혼자가 아니다.

혹시

의문을 가져라.

그대가 느끼는 것이 전부가 아닐 수도 있지 않을까?

그대가 옳다고 믿는 것이 전부가 아닐 수도 있지 않을까?

그대가 사랑이라고 믿는 것보다

더 아름다운 사랑이 있을 수도 있지 않을까?

그대가 지금 느끼는 것이 잘못되었다는 것이 아니다.

그대가 지금 판단하는 것이 잘못되었다는 것이 아니다.

다만 그 이상의 것이 있을 수도 있다는 것이다.

의문이 없다면 즐거움도 없다.
끊임없이 의문을 가져라.
의문은 그대를 가만히 두지 않는다.
의문은 그대를 더 아름다운 곳으로 이끈다.

하지만 그대여, 이 모든 것은 그대 자신에 관한 일이다.
그대가 주권을 넘겨준 채 바라보는
타인들에 관한 이야기가 아니다.

다만 그대 안에서
그대가 얼마만큼의 가치를 발견해 내느냐는 것이다.
그대의 내면을 더 깊이 바라보라.
그대가 생각했던 것만이 그대가 아니라는 걸 알게 된다.
예전에는 상상도 못 했던 그대가 그대 안에 있다.
그대는 황금을 품고 있다.
그대는 무한의 가치를 품고 있다.
이제 꺼내 쓸 때가 되었다.

양자론(量子論)

인식주체(관찰자)가 없으면 현상도 없다.

그대가 누군가를 나쁘게 보지 않으면 나쁜 일은 일어나지 않는다.

물론 그대는 나쁜 일이 먼저라고 항변할 것이다.

분명 나쁜 일이 과거의 원인이며

그대가 그로 인하여 나쁘게 볼 수밖에 없는 것은

결과라고 할 수 있다.

하지만 존재계의 법칙은 그렇지 않다.

과거, 현재, 미래라는 전개도는

존재를 시간이라는 형태로 전개한 3차원적 방식이다.

존재를 인과라는 틀로 전개하는 것 역시 3차원적 방식이다.

존재계에서는 과거와 미래, 원인과 결과가 동시에 존재한다.

이것이 저것의 원인이 되는 고정된 방식은 3차원의 방식이다.

원인과 결과가 얼마든지 뒤바뀔 수 있는 것이 존재계의 방식이다.

그대의 3차원 의식으로는 존재계를 경험할 수 없다.

과거와 미래라는 시간의 흐름 속에서 벌어지는 인과를 볼 뿐이다.

그 모든 것은 존재의 참모습에서 비롯된 그림자일 뿐이다.

그대의 미움 때문에 그대가 미워할 만한 일이 생겨난다.

그대의 사랑 때문에 그대가 사랑할 만한 일이 생겨난다.

그대의 기쁨 때문에 그대가 기뻐할 만한 일이 생겨난다.

그대의 슬픔 때문에 그대가 슬퍼할 만한 일이 생겨난다.

누군가의 허물이 보이면 자신의 눈을 탓하라고 말했던
성인의 가르침은 바로 이것이다.
창조주가 우주를 경영하는 방식도 이와 같다.
늘 사랑으로만 보는 창조주의 눈이 있기에
우주는 사랑일 수밖에 없는 것이다.
'보시기에 좋았더라'는 창조주의 음성을 느껴라.

의문

의문은 존재의 기반이다.
의문이 없다면 그대도 없다.
의문이 있다는 것은 그대가 살아 있다는 것이다.
의문이 있다는 것은 그대가 존재한다는 것이다.

'태초에 말씀이 있었다.'
이 말을 이렇게 바꾸어 보면 어떨까?
'태초에 의문이 있었다.'
훌륭하지 않은가?

때로 의문이 그대를 괴롭힐 때가 있다.
'참을 수 없는 존재의 궁금함'에 잠을 못 이룰 때도 있다.

하지만 의문은 그대를 굴러가게 하는 기름이요 영양분이다.

왜 살지?
왜 죽지?
왜 사랑하지?
아름다운 사람이 되려면 어떻게 해야 하지?
사랑이 되려면 어떻게 해야 하지?

그대의 의문이 아름다워지고 있다는 건
그대가 아름다워지고 있다는 증거다.
그대의 의문이 지극히 속물적인 것이라면
그대가 지극히 속물적인 것에 마음을 팔고 있다는 증거다.

아름다워지고 싶다면 먼저 아름다운 의문을 가져라.
존재의 향기를 그대의 삶 속에서 느끼고 싶다면
먼저 존재에 대한 의문을 가져라.
그대가 어떤 의문을 가졌는지가
그대의 가치를 결정한다면 믿겠는가?

물론 그대는 이런 의문을 가져 볼 수도 있다.
"난 뭐가 궁금하지?"

왜 시작인가

시간은 현재뿐이다.
하지만 시간의 흐름은 분명 미래로 가고 있다.
그리하여 그대의 현재는 언제나 시작인 것이다.
만약 그대가 과거에 사로잡혀 있다면
그대의 현재는 언제나 끝이 되고 만다.

언제나 그대는 유일무이한 기회를 맞이하고 있는 것이다.
바로 지금, 우주가 그대에게 전해 주는 '아름다운 시작'이다.

그대의 의식이 어느 차원에 도달하면
시간의 흐름은 달라진다.
과거에서 미래로 흐르던 시간이
어느덧 미래에서 과거로 흐르기도 한다.
하지만 그럴 때에도 그대의 현재는 시작이다.
어떠한 과거도 어떠한 미래도 그대의 현재가 없이는
존재할 수 없기 때문이다.

바로 지금, 그대가 뭔가 할 수 있는 유일한 순간이다.

사랑을 주다

제자가 스승에게 물었다.

"사랑이 뭐죠?"

"너는 사람들에게 돈을 줄 수도 있고 밥을 줄 수도 있지만
사랑은 줄 수 없다."

심각한 일이다. 다른 건 괜찮아도 사랑은 줄 수가 없다니…

제자의 고뇌는 날로 더해 간다.

'왜 나는 사랑을 줄 수 없는가?'

다시 스승을 찾아갔다.

"왜 난 사랑을 주면 안 됩니까? 제게는 그런 자격이 없는 건가요?"

"모든 악이 너로부터 시작되느니라."

"제가 그토록 나쁜 놈입니까?"

"네게서 지옥문이 열리느니라."

혹 떼러 갔다가 혹 하나 더 붙여 온 것이다.

이제 그는 야위어 간다.

밥을 먹어도 맛을 모르고 잠을 자도 잔 것 같지가 않다.

'왜 세상의 악이 나로부터 시작되는가?'

'왜 나는 사랑을 줄 수 없는가?'

산을 찾아가도 그의 고뇌는 멈추지 않는다.

골똘히 생각에 잠긴 채 산길을 오르던 그가 넘어졌다.

이마에서 피가 흐른다.

깜박 정신을 놓았다가 눈을 뜬 그의 눈앞으로 뭔가가 보인다.
한 무리의 개미가 제 몸보다 큰 먹이를 들고 열심히 나르고 있다.
'아! 그렇구나!'
다시 스승을 찾아갔다.

스승이 말을 건넨다.
"어디, 지옥문은 닫혔는고?"
"천국이 새로 열렸습니다."
"호오, 어디 보여 보아라."
"보시면서도 못 믿으시면 어떡합니까?"

§

그대는 아는가? 왜 그대가 사랑을 줄 수 없는가를.
그대가 사랑을 주게 되면 누군가는 사랑을 받아야만 한다.
그대가 사랑을 주는 자로 남게 될 때
누군가는 사랑을 받는 자로 남아야 한다.
영원히 그대와 그 누군가는 하나가 될 수 없는 것이다.

사랑은 여기 있고 저기 없는 것이 아니다.
사랑은 어떤 조건하에 있는 것이 아니다.
그대가 사랑을 준다는 것은 그래서 불가능한 것이다.
우주의 어느 공간도 어느 시간도

사랑이 없이는 존재할 수 없는 것이다.

그대의 전생이 궁금하다면

그대의 전생이 궁금하다면
그대의 옆을 보라.
그대가 지금 보고 있는 사람이 그대의 전생이다.

이 말은 단지 하나의 비유가 아니다.
우주에는 하나의 위대한 영혼만이 존재한다.
이 위대한 영혼이 수없이 오랜 세월을 윤회한 수많은 모습이
바로 지금 그대가 바라보는 모든 사람들이다.

그대의 과거는 과거에 있지 않다.
언제나 그대의 과거와 현재와 미래는 겹쳐져 있다.
그리하여 그대의 전생이 지금 그대의 눈앞에 나타나는 것이며
그대의 내생이 지금 그대의 눈앞에 나타나는 것이다.

어리석은 사람을 만났을 때
그대는 그대의 어리석은 전생을 보고 있는 것이다.
사랑으로 가득 찬 사람을 만났을 때

그대는 그대가 사랑으로 가득 찼던 어느 때를 만나고 있는 것이다.

수없이 많은 영혼들이 만들어 내는
수없이 많은 에피소드.
모두 그대의 삶이다.
그대가 겪고 싶어 했던 귀중한 경험들이다.

그대가 이것을 깨달을 수 있다면
그대는 우주 안에서 가장 아름다운 비밀에 눈뜨게 되는 것이다.

쨍쨍한 날

초등학교에 다닐 때다.
어느 여름, 햇빛이 너무나 쨍쨍하던 날
소란스러운 운동장의 풍경과 어울리지 않는 친구가 있었다.
그 친구는 늘 그런 식이었다.
아이들이 열심히 공을 보고 쫓아다닐 때
조용히 무릎을 모아 쥔 자세로 운동장 한 구석에 앉아 있었다.

어느 날
그 친구의 옆에 가서 똑같은 자세로 나란히 앉았다.

한마디 말이 오갈 법도 했지만
그 친구도 나도 말이 없었다.
고작 옆을 보고 싱긋 웃기에 같이 웃어 준 게 전부였다.
어떤 놀이에도 끼워 주지 않았던 그 친구
어떤 놀이에도 끼려고 하지 않았던 그 친구

그날 쨍쨍한 햇살 아래서
그 친구와 나는 그냥 존재하고 있었다.
한참 앉아 있었지만 별말을 나누었던 기억은 없다.
그날 얼굴이 좀 그을렸을 것이다.

그대여,
그냥 존재하는 것만으로도 충분하리니.

어라

그대는 냉정한 사람이다.
하지만 그대의 가슴은 누구보다 뜨겁다.
아무도 그대의 그런 마음을 모른다.

그대는 강한 사람이다.

세상의 비난쯤 한 귀로 듣고 흘릴 수 있는 굳센 성품이다.
하지만 알고 보면 그대는 너무도 여린 사람이다.
풀잎에서 떨어지는 이슬 한 방울에 눈물짓는 그대이다.

그대는 대범하다.
하지만 알고 보면 그대는 조그마한 것에 속이 상하고
상처받을까 두려워 사람들에게 잘 다가가지 못한다.

그대는 많은 사람들로 둘러싸여 있는 사교적인 사람이다.
하지만 그대는 그 누구에게도 속을 털어놓을 곳 없는
외로운 사람이다.

§

그대는 따뜻한 사람이다.
하지만 그대의 가슴은 냉철한 이성으로 빛난다.
아무도 그대의 그런 마음을 모른다.

그대는 약한 사람이다.
별 뜻 없는 비난에도 가슴이 무너지고 마는 여린 성품이다.
하지만 알고 보면 그대는
누구보다 자신에 대한 자긍심으로 가득 차 있으며
위기가 다가올수록 인내와 용기의 가치를 아는 사람이다.

그대는 소심하다.

하지만 알고 보면 그대는 정작 큰 벽이 그대를 막아섰을 때에도

그대의 본분과 정체성을 굳건히 지키는 사람이다.

스스럼없이 먼저 다가가 사람들을 끌어안을 수 있는

넓은 가슴을 가지고 있다.

그대는 고독을 즐겨 홀로 있기를 좋아한다.

하지만 그대의 가슴은 세상 모든 사람을 품고 싶어 한다.

그대에 대하여 말하였다.

어떻게 된 일인가?

정반대의 말을 하였건만

그대는 어느 것에도 고개를 가로젓지 못한다.

어느 것이 그대에 대한 말인가?

　§

그대는 모든 것이다.

그 어떤 것으로도 그대의 가치를 다 말하지 못한다.

그 어떤 말로도 그대의 자유와 아름다움을 다 나타내지 못한다.

그대는 누구인가?

같음은 사랑이며 다름은 아름다움이다

같음은 사랑이며 다름은 아름다움이다.
그대와 다르다는 것을 인정하라.
그대와 다르다는 것을 아름다움으로 받아들여라.
다름이 있기 때문에 같음이 있을 수 있고
같음이 있기 때문에 다름이 있을 수 있다.
같음 속에서 다름을 보고
다름 속에서 같음을 보라.

그대와 세상이 둘인 것을 보지 못했다면
하나인 것 역시 알지 못한다.
그리하여 다름은 아름다움인 것이다.

사랑은 모든 것에서 '나'를 발견하는 것이다.
그리하여 모든 것이 '나'임을 아는 것이다.
그리하여 같음은 사랑이다.

같음은 우주의 근원이며
다름은 우주의 작용이다.
이 위대한 두 가지 축복이
바로 지금 그대의 머리 위로 쏟아지고 있다.

이별(離別)

이별(離別)을 이렇게 말하고 싶다.
이별은 곧 두 개의 별이다.
아름답게 빛나던 하나의 별이
자신의 아름다움을 확인하고 싶어서 두 개의 별로 나뉘는 것이다.
태초에 모든 것의 근원이었던 '하나'가 하나이기만을 고집했다면
우주는 태어나지 않았다.
나뉘어서 찬란히 빛나는 저 별은 또 하나의 그대이다.
슬픔을 접어라.
빛나는 그대를 보아라.

그대는 그렇게 그대를 둘러싼 우주와 쌍둥이인 것이다.
그대가 우주를 바라볼 때 우주 역시 그대를 바라본다.
아름다이 바라보기 위하여 두 개의 별이 되었지만
정녕 그대와 우주는 하나인 것을…

이별은 아름다움이 되어야 한다.

내 생애 가장 아름다운 일주일

그대의 삶이 일주일뿐이라고 생각하라.

하루라면 너무 짧다.

일주일 동안 그대의 소중한 가족과 연인과 친구들에게

최고의 사랑을 전하라.

그대 눈에 비치는 모든 것을 최상의 가치로 존중하라.

조금의 인내가 필요할지도 모른다.

그대의 아름다움이

세상 모든 것에서 반사되어 밝게 빛나도록 하라.

가장 신뢰받을 행동을 하라.

가장 너그럽고 따뜻한 행동을 하라.

두 번 다시 볼 수 없는 사람들이니

그대의 가장 아름다운 말을 전하라.

혹시 사람들이 그대의 마음을 아프게 할지라도

인상을 찌푸리기보다는

오히려 그대를 손가락질하는 그 손을 어루만져 주어라.

세상을 다 가진 듯이 여유롭게 행동하고

세상의 끝을 본 사람처럼 초연하게 행동하라.

당당하지만 겸양의 예를 잊지 마라.

사랑한다고 말하라.

고맙다고 말하라.

아름답다고 말하라.

일주일이 지났다.
그대는 지난 일주일처럼 계속 행동해도 되고
예전처럼 행동해도 된다.
이미 그대의 사랑과 미소와 사려 깊음에
모든 사람들이 찬사를 보내고 있다.
어떻게 할 것인지 이제 선택하기만 하면 된다.

인연-인형놀이

인형놀이를 한다.
종이라도 좋고 세련된 정장을 입은 '미미'라도 좋다.
백마 탄 왕자를 기다리는 공주는 얼마나 가련했던가!
언제나 들뜬 목소리로 공주의 아름다움을 찬양하던
주근깨 박힌 시녀는 어디로 갔는가?

그대는 공주였고 시녀였으며
야속한 왕자님이었으며
끝내 두 사람의 만남을 방해했던 마녀였다.
그러나 또한 그대는
속죄 대신 잔뜩 선물을 주고 간 마녀였고
오로지 왕자님만 기다리던 어리석은 공주였으며

세레나데를 부르는 일 외에는 달리 능력이 없던
단지 신분만 높은 왕자님이었고
싹싹하기 그지없지만
공주의 흥을 도맡아 퍼뜨리고 다닌 철없는 하녀였다.

놀이가 끝났다.
모든 것은 그대가 만들어 낸 이야기이다.

§

핏물이 배어나는 인연도 있다.
둘도 없이 살가운 인연도 있다.
도무지 헤어날 수 없는 수렁 같은 인연도 있고
끝이 어딘지 모를 신비스러운 인연도 있다.

인연의 흐름은 계속된다.
인연의 파도는 그대를 가만히 내버려두지 않는다.
그대가 파도의 주인이 될 때까지
그 모든 인연이 오로지 그대일 뿐이라는 것을 깨달을 때까지

집으로

돌아갈 집이 있다는 것은 얼마나 좋은가.
그대의 몸과 마음이 지쳤을 때
낯선 무리들과의 오랜 다툼과 겨룸에서 그만 헤어나오고 싶을 때
조용한 얼굴로 내색 없이 그대를 반기는 집이 있다는 것은
분명 아름다운 일이다.

그대의 영혼도 마찬가지다.
스스로 선택한 연극에서
기껏 그대의 가장 가까운 이 몇몇 정도를 옆에 두고서
고요히 막을 내리는 그대의 영혼을
그 어떤 시비도 없이
안아주는 집이 있다는 것은 너무나 아름다운 일이다.

영혼의 집은 사랑이다.
사랑으로 돌아가 쉬다 보면
다시 사랑을 확인하고 싶어질 때가 온다.
그때 그대는 세상이라는 무대에 다시 오게 되는 것이다.

멀리 타향살이를 하는 사람의 마음에 늘 고향이 있듯이
그대여, 언제 어디서 어떤 슬픔과 아픔을 만날지라도
그대의 고향이며 집인 사랑을 떠올려라.

그대의 가슴이 언제나 빛으로 가득할 것이니.

버려진 미각

진한 맛에 익숙해지면 담백한 맛을 느낄 수 없게 된다.
자꾸만 진한 맛을 찾다 보면
나중에는 아예 미각을 버리는 지경에 이를 수도 있다.

달콤하고 진한 것을 추구하는 데 익숙해진 그대의 미각을
때론 담백한 무미(無味)의 맛을 볼 수 있도록 배려해 주어야 한다.
느림의 미학과 담백함의 미학은 닮아 있다.
천천히 목적 없이 걸어 보라.
시비를 버리고 그대의 눈에 비쳐지는 모든 것을
그저 긍정하면서 걸어 보라.

정작 그대의 삶에서 필요한 순간들은 어떤 것인가?
그대가 추구했던 행복은 무엇인가?
어느새 그대의 행복도 그대의 기쁨도
담백함을 잃어버리고 진한 맛에 길들여져 버린 것 아닌가?

돌아오라.

그대의 행복에는 어떠한 격식도 어떠한 허울도 필요하지 않다.
단지 그대의 눈을 두드리는 햇살만으로도
그대는 행복할 수 있다.

70억 개의 지구

그대의 지구와 다른 사람들의 지구는 같은 것인가?
물론 그렇게 보인다.
당연한 것을 왜 묻느냐고 반문해도 할 말은 없다.
하지만 과연 그럴까?

좀 더 쉽게 말해 보자.
그대의 눈에 비치는 지구와
다른 누군가의 눈에 비치는 지구는 서로 같을까?

70억의 사람들이 저마다 하나의 지구를 가지고 있다.
그리하여 하나이면서 또한 70억 개인 지구가 있는 것이다.
70억 개의 지구에서
저마다 아름다운 역사가 흘러가고 있다.

어느 날

하나의 지구와 70억 개의 지구가 만난다.
절대 주관과 절대 객관이 만나는 것이다.
그곳에 절대 사랑이 있다.

아름답다고 말하라

아름답다는 말만큼 아름다운 말은 없다.
그립다는 말만큼 그리운 말은 없다.
사랑한다는 말만큼 사랑스러운 말은 없다.

그대의 말에는 오랜 세월 말해 온 사람들의 에너지가 묻어 있다.
말은 그대의 생각 이상으로 큰 에너지를 가지고 있는 것이다.
좋은 말을 써야 하는 이유가 바로 여기에 있다.

천국에는 비둘기가 없다

비둘기는 천국에 가지 못한다.
비둘기뿐이 아니다.
하늘을 나는 저 많은 새들과

들판을 수놓은 저 꽃들은 천국에 가지 못한다.

천국은 그대의 쉼터이다.

정확히 말해서 그대 '에고'의 쉼터이다.

그대의 영혼은 천국을 필요로 하지 않는다.

그대의 영혼은 이미 사랑과 생명 안에서 자유를 누리고 있다.

꽃은 다만 피어 있을 뿐이다.

새는 다만 하늘을 즐길 뿐이다.

'다만… 할 뿐인 존재'는 에고를 확인할 겨를이 없다.

그리하여 천국에는 꽃도 새도 없다.

그대의 눈 속으로 비둘기가 날아간다.

그대의 눈 속에서 꽃잎이 바람에 날린다.

들리는가?

무한의 생명과 존재의 자유 속에서

아름답게 흔들리는 우주의 소리가…

그대의 천국은 어디에 있는가?

태초(太初)의 고민

완전한 하나의 영혼이 있었다.

완전함을 잠시라도 버리지 않고서는 완전함을 알 수도 없었다.

그리하여 스스로 완전함을 잊어버리고서

다시 그 완전함을 찾아가기 위한

하나의 프로그램이 필요했다.

그리하여 펼쳐진 것이 바로 우주다.

그대가 그대의 아름다움을 찾아가는 일만큼

즐거운 일이 어디에 있겠는가?

즐겨라.

하나인 시간을 과거와 현재와 미래로 나눈 일이나

하나인 존재를 너와 나로 나눈 일도

그와 똑같다.

그대의 계획은 이토록 치밀한 것이다.

태초의 고민은 이제 사라졌다.

거짓말

그대는 산을 보고 거짓말을 할 수 있는가?

어려운 일이다.

산을 보고 거짓말할 수 있는 사람은 없다.

꽃을 보고 거짓말할 수 있는 사람은 없다.

심지어 강아지나 고양이를 보고 거짓말할 수 있는 사람도 드물다.

그대는 에고를 가지지 않은 것을 보고 거짓말을 할 수 없다.

그대는 오로지 에고를 가진 사람들에게만 거짓말을 한다.

그대의 에고는 에고를 가진 상대에게만 반응하기 때문이다.

사랑을 알아보는 것이 아름다움이다

모든 존재는 사랑이다.

그 사랑을 서로 알아보는 것이 아름다움이다.

그대가 꽃의 사랑을 알아볼 때

꽃 역시 그대의 사랑을 알아보는 것이다.

그대가 아픔 속에서도 사랑을 볼 수 있을 때

아픔 역시 그대의 사랑을 알아보고

아름다움으로 승화되는 것이다.

한 순간도 사랑이 아닌 순간은 없다.

유리 너머의 난로

빠알간 불이 탐스럽게도 타오르는 난로가 있다.
시린 손을 부비며 불을 쬐어 보지만
어찌된 일인지 따뜻하지가 않다.
난로 위의 주전자에서 쏟아지는 수증기마저 생생한데
왜?
차라리 난로가 보이지 않는다면 잊을 수 있겠지만
너무도 매혹적인 자태에 넋을 잃고 만 지금
손끝의 간절한 염원은 번번이 유리벽에 부딪혀 돌아온다.
보이기는 하지만 느낄 수는 없는 난로

그대를 막고 있는 유리는 무엇인가?

꿈

꿈은 영혼의 나들이다.

잠에서 깨어나 기억하는 꿈은 정확하지 않다.
꿈의 차원을 3차원의 방식으로 이해해야 하기 때문이다.
그리하여 그대가 기억하는 꿈은 혼돈스러운 것이다.

꿈은 영혼이 쉬는 시간이다.
도구인 몸을 내려놓고 자신만의 시간을 가져 보는 것이다.
잠시 쉬고 돌아온 영혼은 삶에 대한 새로운 열정을 가지게 된다.

어떤 꿈은 단지 생각의 연장선상에 있을 수도 있다.
온전한 꿈이 아니다.
부유하던 감정과 집착의 에너지가
잠자는 동안 드러난 것에 불과하다.

꿈과 마음의 작용이 뒤섞여
뒤죽박죽이 되는 경우도 있다.
꿈에서 주어진 상징이 그대의 마음에 가려
제대로 빛을 발휘하지 못하게 된 것이다.

꿈 일기를 적어 보라.
어느 것이 가치 있는 꿈인지 알게 될 것이다.

피안 내비게이션

언제든 죽을 수 있는 장치가 개발되었다.
보호 캡을 열고 꾹 누르기만 하면 아무런 고통 없이 갈 수 있다.
이른바 '피안 내비게이션'이다.
인권단체에서 판매를 금지하는 시위를 연일 벌이고 있지만
판매고는 하늘 높은 줄 모르고 치솟는다.
어떤가, 그대도 하나 구입하고 싶은가?

죽음이 너무나 멀리 있다는 생각이야말로 죽음을 욕되게 한다.
죽음에 대한 두려움과 무지는
철저히 삶과 죽음을 이분법으로 나누기 때문이다.
언제든 죽을 수 있다면 오히려 삶을 아끼게 된다.
언제든 죽을 수 있다고 생각하면 삶은 더 아름다워 보이는 것이다.
물론 이 말에는 억지가 있다.
하지만 눈 밝은 그대는 이미 진실을 눈치 채고 있다.

삶이 그대의 선택이었듯이 죽음 또한 그대의 선택이다.
단지 그런 사실을 망각하고 있을 뿐인 것이다.
그대의 영혼은 죽음보다 오히려 태어남을
더 강력한 충격으로 받아들인다.
삶을 선택하는 순간부터 많은 제약이 주어진다.
그럼에도 불구하고 영혼은

적나라한 경험의 장인 3차원의 삶을 외면할 수 없다.

삶과 죽음의 이분법을 버려라.

언제나 삶과 죽음은 함께 있다.

언제든 죽을 수 있다.

그대가 죽음을 통하여 새롭게 태어나려고만 한다면

무한의 가능성이 그대를 찾아올 것이다.

자칫 죽음을 권장하는 말로 듣지 마라.

그대는 이미 여러 번의 죽음을 경험하였다.

배역이 끝났다고 해서 배우가 죽는 것은 아니다.

그대의 연극은 계속된다.

아무도 할 수 없다

그대 스스로 자신을 비난하지 않는다면

아무도 그대를 비난하지 못한다.

그대 스스로 자신을 비참하게 하지 않는다면

아무도 그대를 비참하게 하지 못한다.

그대 스스로 자신을 가치 없게 보지 않는다면

아무도 그대를 가치 없게 보지 못한다.

그대 스스로 자신을 사랑하지 않는다면
아무도 그대를 사랑하지 않는다.
그대 스스로 자신의 가치를 빛나게 하지 않는다면
아무도 그대의 가치를 빛나게 하지 못한다.
그대 스스로 자신을 아름답게 보지 않는다면
아무도 그대를 아름답게 보지 않는다.

하지만 그대가 스스로를 사랑하고 아름답게 보는 건
그대가 여태 생각해 온 '그대' 안에서 이루어져서는 안 된다.
상상할 수도 없는 아름다움은
그대가 '그대'를 제대로 알고 나서부터 시작되는 것이다.

그리움

그리운 것을 하나둘 적다가
잠이 들고 말았다.
그리운 것을 다 적으려면
꼭 살아온 시간만큼 필요할지도 모른다는 생각이 들었다.
삶의 어느 순간도 그리움이 아닌 것은 없었다.
그날 꿈속에서까지도 그리움에 대하여 다 적지 못했다.

어쩌면 그리움은 무한대(∞)의 접점에 있는 것인지도 모른다.

나와 세상, 나와 우주

그리움은 언제나 밖을 향하고 있는 것처럼 보이지만

또한 언제나 안을 향하고 있는 것이었다.

나와 우주는 그렇게 하나의 숨결을 가진 생명이었다.

태양은 어둠을 볼 수 없다

태양은 어둠을 볼 수 없다.

아무리 짙은 어둠도 태양이 다가가면 사라져 버리기 때문이다.

태양은 어둠을 이해하기 위하여 빛을 버렸다.

어둠 속에서 더 빛나는 사랑을 알기 위하여

스스로 태양이었던 기억을 잠시 잊었다.

생명의 불꽃마저 희미한 곳에서

삶의 남겨진 시간을 초라하게 태우고 있는 그대여

그대는 다만 어둠과 초라함을 이해하기 위하여

그곳에 있는 것이다.

그 어떤 어둠도 진실은 아니며

끝이 보이지 않는 절망 속에서도 사랑이 있음을 알기 위하여

때론 너무나 힘에 겨운 역할을 맡았을 뿐이다.

어둠 속에서 바라본 태양이 그토록 빛나 보이듯
암흑과 고독의 심연에서 그대가 펼쳐 보여준 사랑은
너무나 눈물겹다.
모진 상처들이 그대의 망각을 부추기지만
이제 기억을 떠올려라.
그대는 언제나 끝을 알 수 없는 사랑이다.

길 그리고 지구

우주 속으로 그대의 길이 흘러 다닌다.
지금 그대가 만나는 사람들은
그대와 같은 길을 가고 있는 것이 아니다.
잠시 그대의 길과 그들의 길이 교차되고 있는 것이다.
모든 존재는 하나씩 길을 가지고 있다.
지금 교차되는 시점에서 만난 사람들과
언제 다시 만나게 될지는 아무도 모른다.
유독 많은 길이 교차되는 곳이 있다.
70억 개의 길이 교차되는 곳, 지구
우주 여행자들의 만남의 광장이다.

고독이 지겨운 존재들이 교차점으로 자신의 길을 몰아온다.

번잡한 교차점에 싫증난 존재들이
다시 아무하고도 교차되지 않는 길로 돌아가기도 한다.
어쩌면 우주는 그렇게 넓어지고 있는지도 모른다.
수없이 많은 존재들이 때론 교차하고
때론 홀로 가는 길을 위해서…

사람이 싫어 길을 떠나지만
이내 사람이 그리워지는 것과 같이
홀로 지어낸 멋진 길 위로 우주를 여행하던 그대가
이내 교차점을 찾아 돌아오는 것이다.

많은 존재들이 모이는 곳이 있다.
더 없이 많은 길들이 교차되는 곳이 있다.
멀리서 지구를 바라보면 간판이 보인다.
'사랑하고 싶은 곳, 지구'